「数字で考える」が簡単にできるようになる本

柏原崇宏

SOGO HOREI PUBLISHING CO., LTD

はじめに

「数字って、なんとなく苦手だな～」
「上司に数字で考えろって言われたけど、どうしたらいいんだろう……」
あなたは、そんな想いを抱えて本書を手に取ったのではありませんか？ 数字に苦手意識を持っている人はたくさんいます。どうすれば数字で物事を考えられるのか、数字をうまく使えるようになるにはどうしたらいいのか。こういったことでつまずいている人は、とても多いのです。

「数字で考える」とは、数字（道具）を用いて論理的に考えることです。ですから、「数字で考えろ」と言われたのならば、「あなたの発言は論理的ではないですよ」と言われていることになります。つまり、〝感覚的な発言で、根拠が見えにくい〟〝結論までの道筋が繋がっていない〟ということです。

「数字で考える」と言っても、単に「頭の中で考える」だけでは、不十分です。取り組むべき問題にアプローチをしていることや、数字で考えた結果を正しく人に伝えることも必要です。つまり、**仕事をする上で、「数字で考える」ができるようになるためには、「数字をうまく使う」術を知っている必要がある**のです。

書店に行けば、数学力であったり、データ分析のテクニックを教えてくれたりする本はたくさんあります。そのため、数字を使って考える際の、〝方法論としての知識〟は簡単に手に入れることができます。

ただ、それらの知識を日々の仕事の役に立てるには、1つ条件があります。

それは、「仕事で数字をうまく使うとはどういうことか」という基本的な考え方を知っていることです。

数字をうまく使う考え方にはルールがあります。直感やセンスが必要なのではなく、基本的な考え方のルールが必要なのです。そのルールを知っておかないかぎり、どれだけ高度な統計手法や分析ツールを使いこなしても、数字をうまく使うことにはならないのです。

もし、あなたが今所属している会社に、そのルールを教えてくれる上司や先輩がいたとすれば、すごく恵まれた職場でしょう。ただおそらく、多くのビジネスパーソンにとっては、数字をうまく使う考え方のルールを学ぶ機会はなく、周囲の人から見よう見まねでやり方を学んでいるのではないでしょうか。そのため、ちょっとした数字の使い方を知らないがために、「内容はいいのに、もったいないなあ」という残念な提案書や報告書になってしまうのです。

逆に言うと、**ちょっとしたルールを守って数字を扱うだけで、提案・報告の内容全体がぴりっと引き締まる**ものなのです。つまり、伝えたいことが、数字によって無駄なくはっきり伝わるようになるのです。

この本では、仕事でうまく数字を使うための考え方を、５つのステップに分けて説明しています。そのステップとは、次のものです。

①「問題を設定する」
②「答えを想定する」
③「数字を集める」
④「数字を比較する」
⑤「比較した結果をわかりやすく見せる」

「なんで、数字の使い方の本なのに、問題設定や答えの想定がステップに含まれているの？」と思った人には、特にこの本を読んでもらいたいと思います。
なぜなら、それこそが、数字をうまく使う人が常に意識している、数字に強くなる上で重要なことだからです。

上司に「ちゃんと数字で考えろ！」と言われたからといって、たくさんの数字を資料につめこむだけでは、上司を満足させることにつながりません。「問題の設定」が正しくないのか、「集めてきた数字」がよくないのか、それとも、「結果の見せ方」がよくないのか、どこがよくないのかをステップに分けて考えなければいけないのです。

私は、マッキンゼーでコンサルティングの仕事をしていた際、空振りばかりの分析しかできず、何度も説教部屋に呼ばれていました。そこで、上司からいつも投げかけられていた質問が、「いい分析とは何だと思う？」というものでした。

「分析」とは「物事を比較し、その差から意味を見いだすこと」です。そして、その「比較する」ことにおいて最も重要なツールが数字です。

ただし、**「分析」自体が価値を持つためには、「正しい問題にアプローチしていること」「しっかり答えが想定できていること」「結果を正しく伝えられること」が大前提**になります。つまり、分析作業ばかりに目を向けていても、数字がうまく使える状態には、たどり着かないのです。

数字をこねくりまわすことに腐心する傾向があった私には、今でもいい薬となっている考え方です。

数字の使い方1つで、提案や報告内容の信頼性や伝えたいメッセージは、大きく変わります。また、仕事をする上で数字を扱うことからは逃げられません。

ですからぜひ、数字をうまく使って、あなたの大きな武器にして頂きたいと思います。

本書は、マッキンゼー時代から今にいたるまで、仕事の中で若手にアドバイスしてきた「数字の扱い方」をまとめたものです。本書の中から、1つでも2つでも役立つポイントを覚えて頂き、数字に苦手意識をもっている多くのビジネスパーソンの、スキル底上げに貢献できればと願っております。

STEP 4

数字を比較する

STEP 5

比較した結果をわかりやすく見せる 166

装丁　吉村朋子
本文デザイン　飯富杏奈（Dogs Inc.）
ＤＴＰ・図表制作　横内俊彦
図表作成　土屋和泉

第1章

「数字で考える」が簡単にできるようになるには?

1 「数字をうまく使える」とはどういうこと？

算数の得意・不得意とは関係ありません

■ 数字は自分の考えをサポートするもの

数字をうまく使えるようになりたい、と思う人は多いでしょう。

上司に「うん。数字でよく説明できているね」と言われるシーンを想像してみてください。嬉しくて思わずニヤっとしてしまいますよね。

では、そもそも、仕事で「数字をうまく使える」とは、どういうことなのでしょうか？

難しい統計の計算式を知っている、とか、暗算ができる、ということではありません。

「数字をうまく使える」とは、自分の考えを数字で上手にサポートできるということです。

数字を使って、**正しい考え方に自分を導くことであり、その自分の考えを人に対して上手に伝えられること**です。

図1を見てください。これは、ある人が、「製紙業界について調べてくれ」と言われて作成した報告資料の1枚です。あなたが依頼した上司だと思って見てみてください。

考えが整理されている資料からは、ぱっと一目で何を伝えたいのかが伝わってくるものです。しかし、この資料からは、何を伝えたいのかが一目では伝わってきません。「国内市場は横ばい」と書いてはありますが、グラフを見てみると、なんとなく増加しているようにも見えますし、そもそも、合計値が記載されていないので、増えているのかどうかもわかりません。グラフの単位を見てみると、重量と記載されていますが、これだけでは「国内市場」の金額規模の推移は判断できません。さらに、右横に書いてある販売先の情報は何を伝えるために記載しているのかわかりません。

たった1枚の資料のできによって、上司から「仕事ができないヤツだ」という烙印を押されてしまいます。

■ 数字をこねくりまわすスキルだけでは不十分

さて、この図1の資料、実は私がマッキンゼーに入社した際に、入社研修で作成した資

図1 製紙業界について調べた資料

直近4年間の紙・板紙の国内市場は横ばいである

2002年度から2005年度にかけての製品別国内需要の推移

単位：千トン

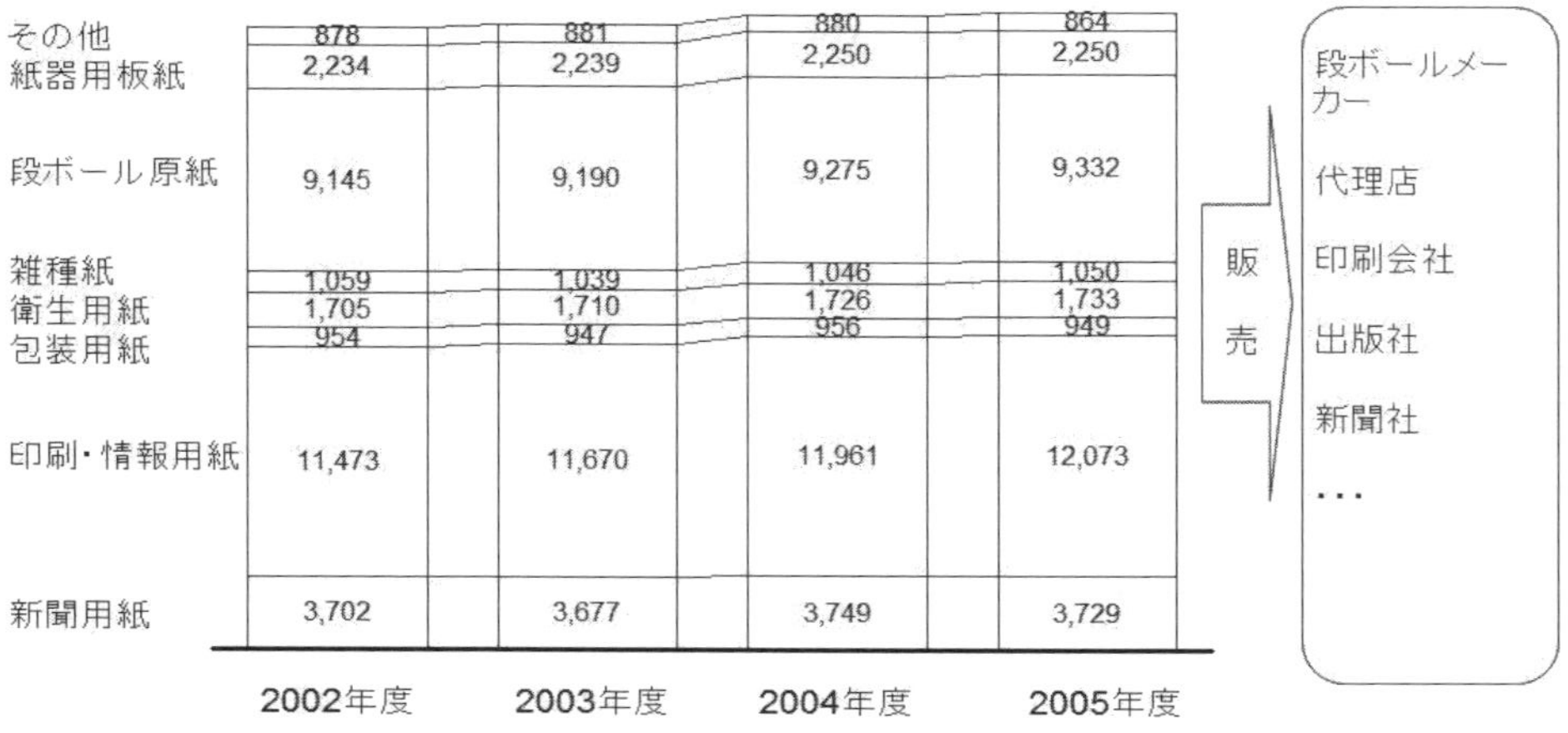

資料：日本製紙連合会

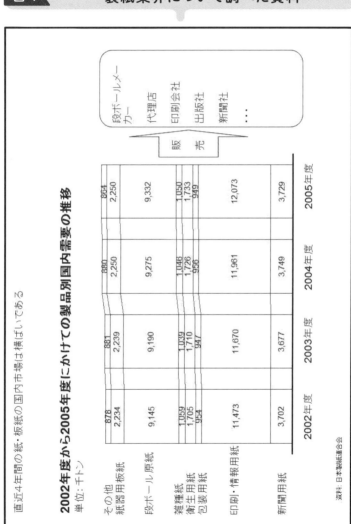

料です。

自分が「何の問題をどのように解こうとしているか」を整理することもなく、製紙業界に関連するデータをやみくもに集め、データを片っ端から資料に落としていきました。

そして、でき上がった分厚い資料のうちの1枚がこのグラフです。

その人が、**どのように物事を考え、どのように数字を分析したのかは、最終的なアウトプット資料から透けて見えます。**この例では、「何が言いたいのか、何をしたいのかが、きちんと考えられていないこと」が、資料からにじみ出ています。

「数字をうまく使える」とは、数学の得意・不得意とは関係ありません。

物理学者アインシュタインの言葉に〝問題を解く時間が1時間あった場合、私はそのうち55分を問題について考え、最後の5分を解決する作業に使うだろう〟というものがあります。「数字をうまく使える」というと、どうしても、数字をこねくりまわす作業だけを注視しがちです。

しかし、それだけでは不十分です。「数字をうまく使える」とは、作業の前段階（問題をしっかり考える）と後段階（結果をわかりやすく伝える）を、あわせてしっかり実行できることなのです。

2 どうすれば「数字をうまく使える」ようになるのか

「5つのステップで考えること」が大事だと知っていますか？

■ 数字をうまく使えるようになる考え方のルール

では、どうすれば「数字をうまく使える」ようになるのでしょうか？

統計学や分析ツールの使い方を学ぶのもいいとは思います。ただ、それらの知識が実際の仕事の中で役に立つためには、「仕事で数字をうまく使うとはどういうことなのか」という基本的な考え方を知っている必要があります。

それは、**①「問題を設定する」②「答えを想定する」③「数字を集める」④「数字を比較する」⑤「比較した結果をわかりやすく見せる」の5つのステップで考える**ことです。

「数字をうまく使うためには、分析手法をたくさん知っていることが重要なんじゃないの？」「データをもとに、そこから何が言えるかを考えられるスキルこそが重要ではないの？」と思う方もいるかもしれません。

もしかしたら、数字をうまく使うための本なのに、問題設定や答えの想定についてページを割いて説明していること自体に違和感を覚える人もいるかもしれません。

ただ、**この５つのステップこそ、数字をうまく使える人が常に意識していること**なのです。

■ なぜ５つのステップで考えることが大事なのか

この５つのステップを、「マンションの建設」にたとえてみましょう。

マンションを建てる際、まずは地盤がしっかりしているかどうかを確認します。

次に、その地盤で、どんなマンションを建てるのかのでき上がりをイメージし、設計図を作ります。設計図ができれば、建築用材料を色々なところから集めてきます。

そして、その材料を使って実際に建築をはじめます。

最後は、買う人にマンションのコンセプトが伝わるように内装・外装を整えます。

いい建材を使って最先端の技術で建築したとしても、地盤がゆるかったり傾いたりしていれば、いいマンションは建ちません。

また、どんなにしっかりしたマンションが建ったとしても、内装・外装の手を抜くと、マンションのよさが人に伝わりません。

つまり、「地盤の確認」「できあがりのイメージ作成」「材料を集める」「建築する」「内装・外装を整える」の5つのステップがしっかりできてはじめていいマンションができるのです。

会社で数字を扱う際も同じです。図2にあるように、まずは、「何を解決するために作業をするのか」、つまり、作業の目的となる「問題」を設定します（地盤の確認）。

次に、答えを想定してみます（でき上がりイメージの作成）。

そして、数字を集め（建築用材料を集める）、数字の比較（建築）をします。

最後に、比較した結果をわかりやすくみせる（内装・外装を整える）、という順になります。

いかにいい分析をして結果をわかりやすく説明したとしても、もともとの問題設定がズレていれば、全ての作業が無駄になってしまいます。

図2　数字を上手に扱うための5つのステップ

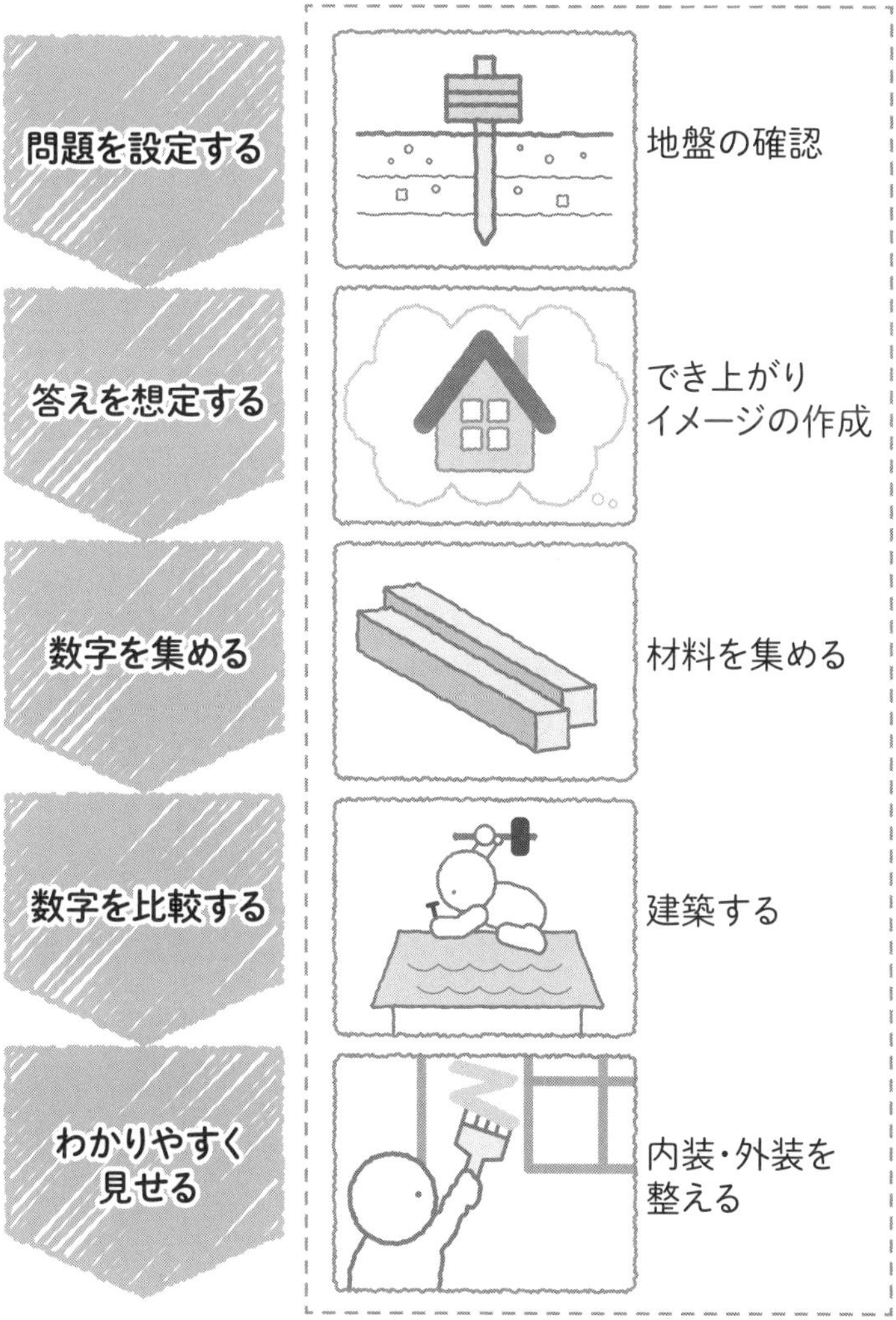

たとえば、品切れが原因で売上が落ちているときに、来店者数を増やす施策を検討することは、売上増につながらないため、問題設定が正しくできていないことになります。分析した結果が意味あるものになるには、正しい問題を解いていることが大前提です。また、いかにいい分析をしたとしても、わかりやすく説明する部分をおろそかにして人に伝わらなければ、意味がありません。

つまり、「問題を設定する」「答えを想定する」「数字を集める」「数字を比較する」「結果をわかりやすく見せる」の5つのステップがしっかりできてはじめて、価値のある仕事をしたことになるのです。

■ざっくり5つのステップを知ろう①「問題を設定する」

数字をうまく使う上では、なにをするにも、まず「問題を設定する」ことになります。

では、問題とは何でしょうか。**問題とは、「自分は何を解決しなければならないのか」という作業の目的**です。

たとえば、「(新製品の販売高を既存製品以上にするためには)どのように、新製品の認知率を上げればいいのか」や「(スポーツジムにおいて)退会率をどうすれば下げられるか」のようなことです。

「知りたいことはこれじゃないんだけどなあ」とか「問題はそこじゃないんだよ」と言われた場合は、おそらく問題設定が正しくできていないことになります。

問題設定は簡単ではありません。

なぜなら、「問題」とは「現状」と「あるべき姿」のギャップであるため、「問題」を正しく設定するためには、現状を把握した上で、あるべき姿が明確になっていなければならないからです。

■ざっくり5つのステップを知ろう② 「答えを想定する」

どのようなマンションを建てるかを建築しながら考える、ということは現実的にありえません。また、手元にある建築用材料をもとに、どのようなマンションが建てられるか考える、ということもありません。実際の作業に入る前に、でき上がりのイメージはしっかり作成するはずです。

数字を使う上でも同じです。作業をしながら最終アウトプットを考えることも良くありませんし、手元にある数字をもとにしてロジックを組み立てることも良くありません。数字を集めて分析をする前に、まずは「答えを想定する（=仮説を立てる）」ことになります。

分析もしていないのに、いきなり答えを想定することに戸惑う人もいるかもしれません。情報を集めて、完璧に調べてから考える方がしっくりくるのかもしれません。

しかし、**答えを想定（=仮説を立てる）してから作業をした方が効率的に仕事を進められる**のです。なぜなら、その方が無駄な作業が少なくなるからです。

■ざっくり5つのステップを知ろう③「数字を集める」

設計図ができると、建築するための材料を集めます。大事なことは、でき上がりのイメージをしっかり持ち、設計図を作ってから材料を集めはじめることです。つまり、前のステップです。そうしないと、どの鉄筋がいいのか、コンクリートをどのくらい集めないといけないかの判断がつきません。

数字を集める際にも、前のステップで、答えが明確に想定できていれば、集めなければいけない数字ははっきりしているはずです。そうしないと、どこまで数字を集めればよいのかわかりません。**「とりあえずこの数字も取っておこう」の繰り返しでは数字に溺れてしまいます。**

■ざっくり5つのステップを知ろう④「数字を比較する」

材料が集まれば、いよいよ建築していきます。様々な材料で数万の工程が必要ですが、個々の工程は、上に積むか、横に並べるか、溶接するか、はめこむか、接着するか、の5つしかありません。あとはその組み合わせになります。

数字の比較の場合も、「項目間で比較する」「時系列で比較する」「比率を比較する」「相関を見る」「バラツキを見る」の5つしか切り口はなく、あとはその組み合わせになります。高度な計算式は必要ありません。**比較するための5つの切り口の考え方をおさえておくだけ**でいいのです。

■ざっくり5つのステップを知ろう⑤「結果をわかりやすく見せる」

建築が終わると、内装・外装を整えます。よく練られた設計で、質の高い建材を使っていても、それが相手に伝わらなければ購買にはつながりません。

仕事においても、自分が時間を費やしてきた作業が、価値ある作業であったかどうかは、結果がうまく相手に伝わるかどうかにかかっています。

「わかりやすいかどうか」は相手が決めます。資料を見る人の観点でわかりやすく表現することが必要です。

第2章

5つのステップで「数字」を使いこなす

1 問題を設定する

与えられた問題をまずは疑う

上司からの依頼は正しいと思い込んでいませんか？

■「問題」は自分で設定するもの

学校では、問題は与えられるものでした。そのため、与えられた問題を、どう解くのかが重要でした。

一方、**ビジネスでは、問題は与えられるものではなく、自分で設定するもの**です。そのため、思い込みや情報不足によって、問題を正しく設定できないことがよくあります。

それはあなたの上司であっても同じことです。上司の正しくない思い込みが、そのまま部下への命令として下りてくることもよくあるのです。

たとえば、あなたがテニス用品メーカーで働いていたとします。

以前は生産が追いつかないくらいに大賑わいだった大型デパート内の直販店も、ここ数ヶ月はめっきり客足がまばらとなってしまっています。

そこで、上司から、「ここ最近、直販店への客足が大きく落ちてきている。デパートの来店者の減少を食い止めないといけない。デパートに人を呼び込むために、どんな催しごとができるのか、デパートの担当者と話をしてきてくれ」と言われたとします。

あなたならまずはどうしますか？

デパートの担当者とのアポ取りからはじめますか？

催しごとのアイデア出しからはじめますか？

それとも、「デパートの来店者の減少が原因かどうか」を考えてみますか？

このテニス用品メーカーの例の場合、デパートの来店者数が減っていることが原因なのでしょうか?

確かに、直営店への客足が落ちている原因はデパートの来店者数の減少なのかもしれません。しかし、実際にはデパートに来る人は大きく減っておらず、直販店に来店する人の割合が大きく減少しているのかもしれません。もしくは、ライバル店が近くにできたことが原因なのかもしれません。

また、リピーターの減少が原因である可能性もあります。そうすると、デパートの来店者数が増えたところで、直販店には客足が戻りません。

すると、上司が考える「(直営店への客足を取り戻すために) デパートの来店者をどうすれば増やすことができるか」という問題設定は間違いであるかもしれないのです。

■問題設定を間違うとどうなるのか

では、もし問題が正しく設定できていないとどうなるのでしょうか。

間違った問題を解こうとしているのですから、いかに数字を集め時間をかけて分析したとしても、全ての行動が意味のないものになります。

「仕事をする(=会社に貢献する)」というのは、「正しい問題に取り組んでいること」が

大前提の上でのみ成り立つことなのです。

問題設定はゆるがせ（いいかげん）にはできない重要なステップなのです。

■与えられた問題はいつも疑ってみる

まずは、**与えられた問題を疑うクセをつけることが大事**です。つまり、「上司から依頼されたこの仕事は本当に正しいのだろうか？」「本当に取り組まないといけない問題は別にあるのではないか？」と常に考えるクセをつけるのです。

先ほどのテニス用品メーカーの例ですと、まず「何が問題なのか」を考えるのが最初のステップになります。つまり、「デパートの来店者が減っている」ことが本当に取り組まないといけない問題なのかを疑って考えてみることです。

実際には、上司からの依頼を修正するのは大変勇気が必要です。自分の考えが正しいとは限りませんし、もしかしたら上司は別の考えにもとづいて依頼しているかもしれません。

問題が間違っていると思った場合は、上司に自分の考えを進言し、どうすればいいかを相談してみましょう。

たとえば、「デパート利用客の減少も一因だとは思います。ただ、最近はリピート客の落ち込みが顕著で、それによる来店者数の減少が大きいと考えています。来店した人をいかに囲い込むかの施策が急を要します。まずは、その検証を優先したいと思いますがよろしいでしょうか」というように伝えるとスムーズです。

少なくとも、与えられた問題を何も考えずに受け入れてしまい、デパート担当者とのアポ取りや、催しごとのアイデア出しをはじめないことです。

なぜなら、一番の悲劇は、間違った問題を解き続けることだからです。

上司の上司の目線で考えてみる

「目線が低い」と言われたことがありませんか？

■「問題」とはなにか

〝問題を上手に表現できれば、もう半分解決したようなものだ〟とは、哲学者ジョン・デューイが問題設定の難しさを表現した言葉です。

では、そもそも「問題」とはどういうことでしょうか。「問題設定」とは、何を設定することなのでしょうか。

「問題」とは、図3のように、「現状」と「あるべき姿」のギャップになります。そのため、**「現状」と「あるべき姿」の両方を正しく認識することが、正しく問題設定するための条件**になります。

図3 問題＝現状とあるべき姿のギャップ

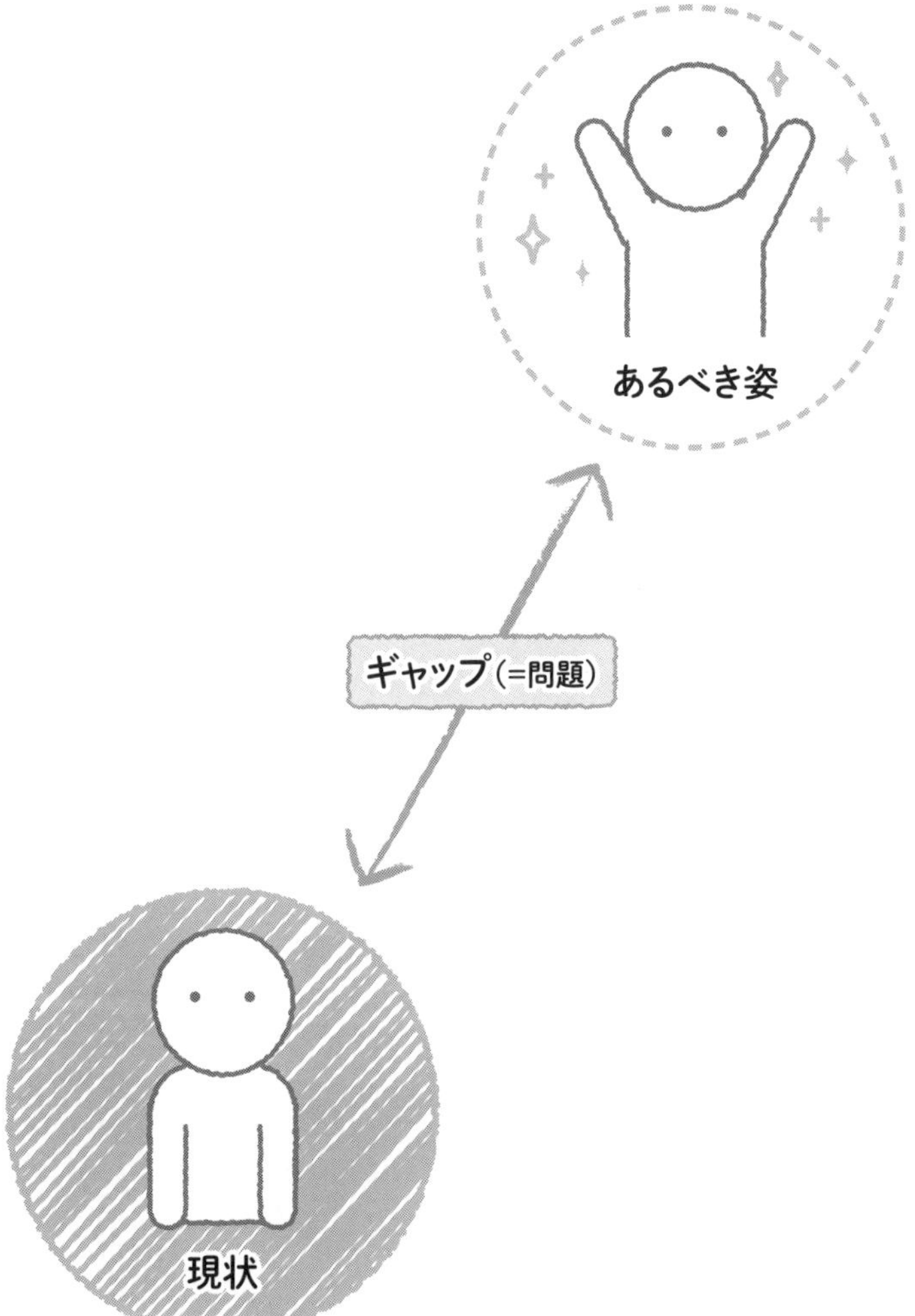

問題設定は、全ての土台となる一番重要な工程になります。

ただ、「あるべき姿」、つまり、「会社や部門として目指すべきゴール」を正しく設定することは、意外と簡単ではありません。それが故に、問題が正しく設定されていないまま、検討や議論が続けられるケースがよく起きてしまうのです。

■見る人の観点によって問題は変わる

人は自分が持っている情報をもとに「現状」や「あるべき姿」を判断します。

そのため、同じ会社、同じ部署にいる人であっても、認識している問題には、多かれ少なかれ外れが生じます。


会社で会議をしていると、「あれ、なんか話がズレてきている」とか「その発言、ポイントがズレているなあ」と思うことはあると思います。何のための議論かわからなくなるくらい迷走する会議も少なくないでしょう。それは、それぞれが異なる問題設定をしていることが原因です。

先ほどと同じく、テニス用品メーカーの例で考えてみましょう。

来月から直営店で、どのラケットの販売を強化するかを決める必要があったとします。

Aさんは、「今の売れ筋は小型ラケットです。利益率も高い。小型ラケットの販売を強化するということでよろしいでしょうか」と提案しました。

一方、上司からは、「来月から販売強化するのは、面が大きい大型ラケットだな」と理由もなく言われました。

翌日、上司の上司の意向で、新素材を使った軽量ラケットの販売を強化することに決まりました。


Aさんは、「上層部はどこまで現場の売れ筋や利益率のことを考えているのだろうか？まったくビジネスをわかっていないなあ」とぼやいています。

一方、上司は、「部下はせまい視野でしか考えられていないなあ。ただ、新素材を使った軽量ラケットなんて、本当に（自分の）上司の思いつき経営にはうんざりだ」と思い、上司の上司は「みんな、短期的な視点でしか考えられていない。早く経営目線を持つようになってほしい」と嘆いています。

もし、あなたが、ある人の考えをズレていると思ったとすると、その人もあなたの考えをズレていると思っています。

どの人の考えや発言が正しいかは別として、**人は自分基準で評価をする**からです。そして、その**自分基準は、自分に見えている範囲の情報によって作られます。**見る人の観点によって問題は変わるのです。

■背伸びした目線で考えてみる

一般的に、上司は、あなたより広い視野でものを考えています。能力的に優秀だからということではありません。立場上、より会社全体の情報が回ってきて、裁量権もあるからです。人事権もあり組織変更もできるため、あなたが無意識のうちに制約事項として考えていることを、ゼロベースで考えることができます。

先ほどのケースだと、Aさん、上司、上司の上司はそれぞれ図4のように考えていました。

上司はAさんより「現状」をより幅広く認識できていました。上司の上司は、「あるべ

図4 見る人の観点によって問題は変わる

視点
高
テニス用品市場が
縮小する中、このままだと
ジリ貧だ。他社と差別化できる
商品を育てていかないと、
会社に将来はない
上司の上司
大型ラケットが大量に
在庫として残っている。
このまま販売できなければ
会社として大きな損失に
つながり大変なことになる
上司
会社の利益を最大化
するためには、売れ行きもよく
利益率の高い
小型ラケットを売るべきだ
Aさん
低

き姿」を、短期的な収益性ではなく、企業の存続性に置いていました。つまり、3人それぞれが、異なる問題設定をしたことになります。そのため、意見が合わないのです。「販売強化するべき商品は、売れ行きもよく、利益率が高い小型ラケットしかない」というAさんの考えは、上司にとっては「目線が低い考え方だな」と、とらえられたのです。

目線が低いままに問題設定をし、小さい世界の枠内で数字をこねくりまわしていても、インパクトのある結果にはたどり着けません。**問題設定の段階では、できるだけ高い視点で物事を考えてみることが重要**です。

つまり、自分の上司の上司になったつもりで、背伸びした高い観点から考えられることが大事になります。現場感を持ちつつも、高い観点から考えることによって、自然とより本質的な問題設定ができるようになるはずです。

ゼロベースで問題を考えてみる

「スキーマ」による思い込みをしていませんか？

■制約条件は解決策をせばめる

制約条件は、問題を設定する段階において、弊害となることがよくあります。

制約条件とは、「これは会社のルールとして決まっている」とか「これは前にやったけどうまくいかなかった」というような、**「検討してもどうせ変えられない」と頭の中で思ってしまっている暗黙の認識**になります。

たとえば、工場において、就業開始時刻である8時に遅刻してくる作業員が多く、工場のラインを朝9時に稼動できない日が多くなっている状況があったとします。

そこで、工場の人事担当者であるAさんは「どのようにしたら作業員の遅刻を減らせるか」という問題設定をし、検討をはじめることにしました。

この時点で、Aさんは、無意識のうちに2つの制約条件を作ってしまっています。それは、「工場のラインは朝9時に稼働させなければならない」と「作業員は8時までに出社しなければならない」という制約条件です。

「いや、出社時間は、就業規則に書いてあるから」と思う方もいるかもしれません。しかしそれも、「就業規則は変えられない」という制約条件を作ってしまっているのです。

この場合、工場のラインの開始時間を遅らせることが可能であったとしても、「工場のラインは朝9時に稼働させる」という制約条件によって、そのアプローチにはたどり着きません。また、「作業員は8時までに出社しなければならない」という制約条件によって、勤務時間をフレキシブルにすることや、遅刻する社員が一定数いることを前提に朝のシフトを厚めにするというようなアプローチは考えられなくなります。

このように、**問題を設定する段階で制約条件を入れてしまうと、解決策が小さくまとまってしまい、本質的な解決策にならない**ことがあるので注意が必要です。

■制約条件を疑って考える

認知心理学に「スキーマ」という言葉があります。「スキーマ」とは、過去の経験に基づいた、心理的なパターン認識のことです。

たとえば、人は「犬」の特徴を顔や体つき、仕草によって、初めて見る種類の犬であっても「犬」と判断できます。また、初めて行くレストランであっても、席について、メニューを見て、注文してから支払いまで戸惑うことなく行えます。

人間は、日常の経験から、自分の頭の中に「スキーマ」という、判断を行うためのパターンを作ります。この「スキーマ」が、先ほどの「作業員は8時までに出社しなければならない」や「就業規則は変えられない」というような、経験による思い込み（＝制約条件）を作ってしまう要因になるのです。

スキーマは、人間の思考の本質的な部分になりますので、その思考方法を変えることはできません。そのため、スキーマがあることを意識して物事を考えることが大事になってきます。

スキーマがあることを意識し、あえて頭をまっさらにして、**制約条件を作らないように**

物事を考えることを「ゼロベースで考える」と言います。

問題とは、「現状」と「あるべき姿」のギャップであることは、先にもお話ししました。そのため、ゼロベースで問題を設定するためには、「現状」と「あるべき姿」の2つをゼロベースで考えてみることになります。

「現状は本当にそうなの？」「なぜそこを目指さないといけないの？」の2つを常に自問自答しているだけで、より本質的な問題設定ができるはずです。

先ほどのケースだと、「本当に、ラインの開始時間を遅らせるほど多くの作業員が8時までに出社していないの？　作業員が8時までに来ないと必ず工場のライン開始時間は遅れてしまうの？」「なぜ、工場のラインを8時に稼働させることを目指さないといけないの？　出荷の開始時間が10時だから？　なぜ、出荷を10時に行わないと問題になるの……？」というように、深く掘り下げていくことで、「変えられない」と思い込んでいた制約条件について改めて考えることができます。

問題設定において、最終的には、解決できる可能性が高い問題を設定しなければいけません。世の中には、どう数字をこねくりまわしても答えにたどり着かないような問題はたくさんあります。当然ながら、難しい問題に挑戦し続けることがいいわけではなく、解決できなければ価値は生みだせません。

そのため、解決するのが難しい問題までを全てひっくり返して考えるのがゼロベース思考の目的ではありません。

ゼロベース思考は「スキーマ」によって、無意識的に行ってしまう思い込み（＝制約条件）を見つけるために、意識的に疑ってみる考え方になります。

優先順位をつけて絞り込む

大事な問題が後回しになっていませんか？

■「ただの問題」と「解くべき問題」は違う

仕事をしていると、解決しないといけない問題はたくさんあって、処理しても処理しても増えていきます。

〝自分が担当している店舗での問題が山積み。その上、他部署からもどんどん問題があがってくる。昨晩、整理した時、「やらないといけないリスト」には20アイテムくらいあったのが、今日の昼すぎには30を超えてしまった。このままだと今日も残業になりそうだ〟

といった状況は誰しも経験があるのではないでしょうか。

目先の問題に追われていると、いつの間にか問題が山積みとなり、何から手をつけていいのかわからなくなるときがあります。特に、数字を扱う作業は、集めてきた数字が使い物にならなかったり、思ってもみない集計結果に翻弄されたりと、想定より作業時間をとられることがよくあります。そのため、**「解くべき問題」と「ただの問題」を峻別することが重要**になってきます。

■ マトリックスで優先付け

『7つの習慣』の作者として有名なスティーブン・R・コヴィーは、〝ほとんどの人は、緊急性の高い問題ばかりに時間を使い、本当に重要な問題に取りかかれていない〟という言葉を残しています。

つまり、「この問題は至急消火しなければ!」「営業結果を明日までに集計しなければいけない!」という、締め切りの近い問題ばかりを毎日処理していると、本当に取りかからなければならない重要な問題に取りかかれなくなってしまうということです。

もしかすると、今、抱えている問題を全て投げ出し、本来重要な1つの問題を解いた方が会社にとってメリットが大きいのかもしれません。

図5　優先順位の整理の仕方

このように、抱えている問題の優先順位を決めなければならない場合、図5のように、2つの軸で整理します。その際、**縦軸は「重要度」**となります。その問題が重要であれば、上の方に、それほど重要でない問題は下の方に位置づけされます。

横軸は、時と場合によって、「解決のしやすさ」や「成功する確率の高さ」「経営戦略との方向性の近さ」「能力との相性」「緊急度合い」などを設定します。

一般的には、「緊急度合い」を設定することが多いので、ここでは図6のように「緊急度」を用いて2×2のマトリックスを使った例を紹介します。

図6　優先順位を決めるマトリックス

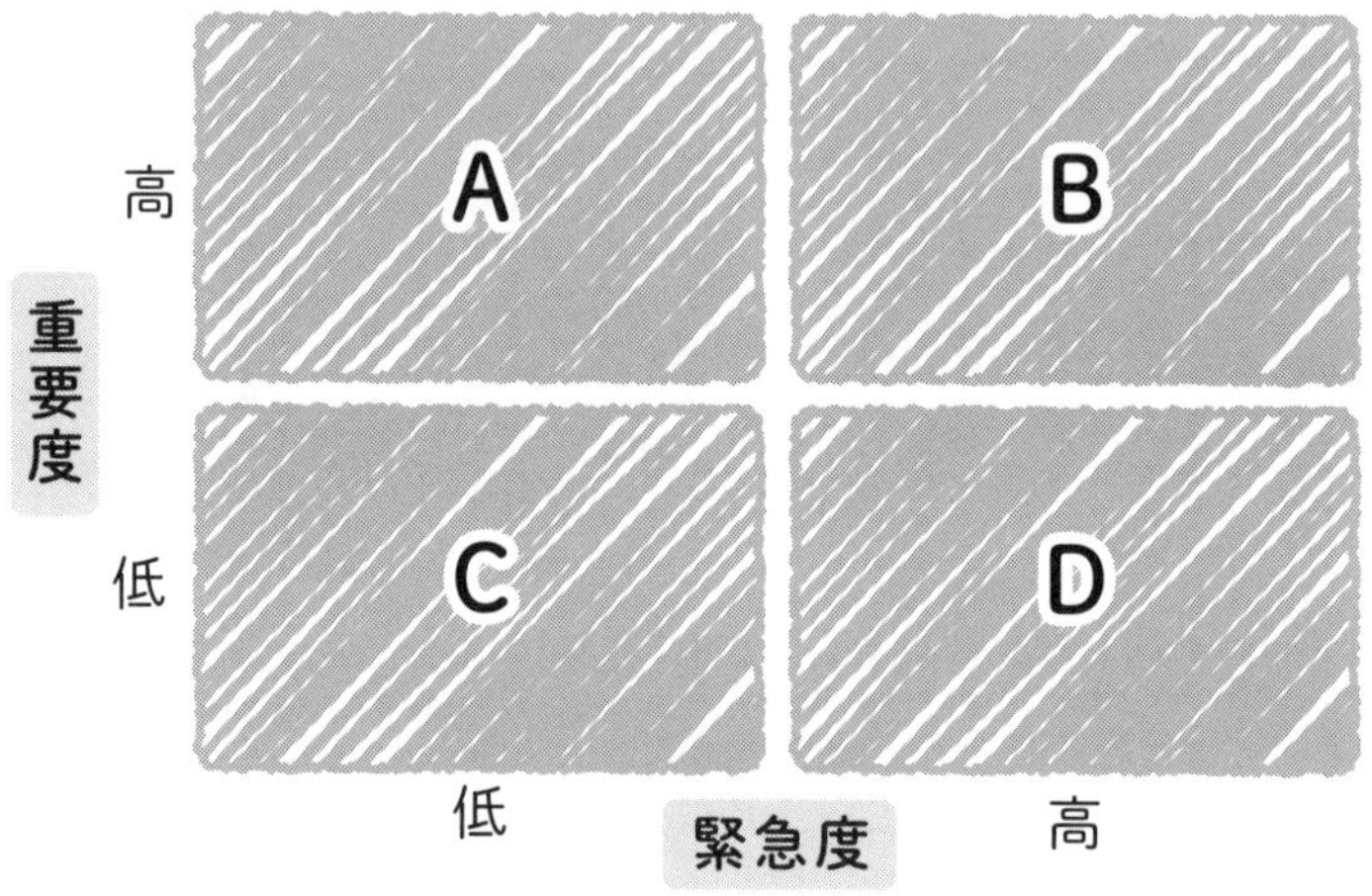

この図6を見るとわかるように、右上のBエリアにあるものが、**重要度が高く緊急度も高い「解くべき問題」**となります。そして、左下のCエリアが、**重要度が低く緊急度も低い「優先度が低い問題」**となります。

今、抱えている問題をこのマトリックスにあてはめて、どの問題から取り組むべきなのかを整理することが、このマトリックスの使用目的となります。

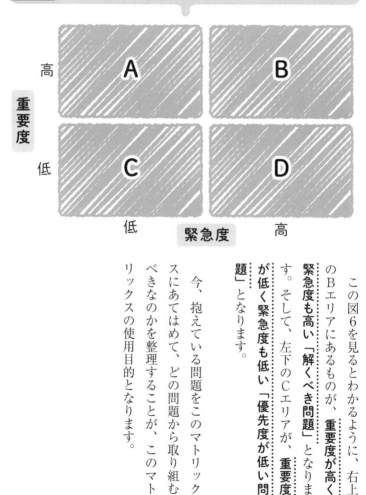

■「何を捨てるか」を判断する

このマトリックスは、様々なところで紹介されているため、ご存知の方も多いと思います。

ただ、実際にこのマトリックスを使ったことのある人は、それほど多くないのではないでしょうか。

実は、このマトリックスを使っても、きっちり優先付けするのは簡単ではありません。2軸で整理しても、最終的には、解決するために必要な時間やリソースの観点からも考えなければならないからです。

そこで実際には、**このマトリックスは、「解くべき問題」から「捨ててもいい問題」を切り離して整理するためによく使われます。**

〝何かを選ぶことは、他の一切を捨てることである〟とは、イギリスの作家ギルバート・ケイス・チェスタートンの言葉です。そして、それは経営学者であるマイケル・ポーターの戦略を考える上での信念でもあります。

「戦略とはなにか」を調べると、「戦略とは捨てること」と様々な方が解説をされています。

戦略とは捨てること。つまり、「他社製品にある機能を全て備えていて、自社製品ならではの新機能もあり、価格はどこよりも安く……」といったことは現実的ではなく、**限られたリソースをどこに投入して、どこに投入しないのかのメリハリをつけるのが戦略**となります。

それは、社長が考える経営戦略でも、部長が考える部門戦略でも、一般社員が考える仕事の進め方でも同じです。

マトリックス上では、「解くべき問題」はBエリアにあります。また、Aエリアの問題は時間がたてば、Bエリアにやってきます。

そのため、Bエリアの問題にはすぐに取りかかり、Aエリアの問題には締め切りを設定し、余裕があればDエリアにある問題のどれに対応するのかを決めます。そして、残った問題は「ただの問題」、つまり、捨てる問題になるのです。

自分の時間と能力にはかぎりがあります。その限られたリソースをどこに投入するのか、つまり、「どこに投入しないのか」を整理しておくことが大事です。

「ただの問題」と「解くべき問題」を峻別し、意志をかためることで、本来解くべき問題に対応できない事態を避けることができます。

2

答えを想定する

「分析してみないとわかりません」とは言わない

「仮説を立てること」が、なぜ重要か説明できますか？

■仮説を立てることの重要性

分析もしていないのに、いきなり答えを出すことに戸惑う人もいるかもしれません。情報を集めて、完璧に調べてから考える方がしっくりくると思う人も少なくないはずです。

このように、**全て調べてから答えを考えるアプローチは「網羅思考」**と呼ばれています。

一方、本書では、まず**答えを想定してから、実際に調べる作業を開始する**方法をお薦めしています。なぜなら、その方が効率的に答えにたどり着けるからです。このようなアプローチは**「仮説思考」**と呼ばれています。

医師が患者を診断するケースにたとえて考えてみましょう。
「腹痛と嘔吐が昨晩から続いている」という患者が診察に来たとします。
「網羅思考」で考える医師は、全て検査してみないと原因は断言できないと思い、採血をして心電図をとり胃カメラで検査して……、と体の状態を全て調べてから何が起こっているのかを把握しようとします。

一方、「仮説思考」で考える医師は、食中毒ではないかという仮説をたて、前日に食べたものが何かを聞いてみます。そして、生魚を食べたことがわかると、「前日に食べた生魚によりウイルス性食中毒が発症しているのではないか」という仮説をたて、ウイルス性食中毒に絞った検査をします。

実際、医師は「仮説思考」で診察します。なぜなら、その方が早く原因を特定でき、処方することができるからです。「まずは全て調べてみましょう」と言って人間ドックのような検査をはじめる網羅思考の医師はいないはずです。

ビジネスにおいても同じことが言えます。**より早く答えにたどり着き、処方をするためには、仮説を立てることが重要**になります。

■まずは仮の結論を作りましょう

ただ、いざビジネスとなると「網羅思考」で考える人も多いのは事実です。なぜなら、ビジネスで出てくる現象は複雑で、仮説を立てるのが簡単ではないからです。

さらに、原因に対処する処方の仕方も複雑です。

ただ、網羅思考でいる限りは、「あいつは夜遅くまで仕事はしているようだが、いつまでたってもアウトプットが出てこないなあ」と思われる社員から抜け出せません。

仮説とはあくまでも仮の答えですので、結論ではありません。**間違っていると思えば修正すればいい**のです。

先ほどの医師の例ですと、ウイルス性食中毒でないならば、急性胃腸炎かもしれませんし虫垂炎かもしれません。違っていれば、次に立てた仮説の検査を行い、軌道修正を繰り返しながら正しい答えにたどり着けばいいのです。

ただ、それでも、全身くまなく検査してから原因を調査する「網羅思考」の医師よりも早く原因が特定できるはずです。

まずは仮説（答えを想定）を立てましょう。どのような数字を集めて分析するかは、この仮説を立てるプロセスで決まります。

仮説思考で考えることによって、分析はただの検証プロセスとなり、数字をにらみながら意味解釈に悩むこともなくなります。

そして、最終的には答えに早くたどり着くことができます。

あなたの答えは「コインの裏返し」になっていませんか？

分解して具体的に答えを想定してみる

■難しい問題は、小さく分けて考える

たとえば、「自社製品のシェアが下がっている」という問題に対して、「シェアが下がるのはよくないので、今後は自社製品のシェアを上げるべきだ」という答えが出たとすると、あなたはどう思うでしょうか。

これでは、営業成績が足りない社員に、「とにかく成績を上げろ！」と根性論で叱責するようなものです。具体的な解決にはまったくつながりません。

このように、「シェアが下がっている」という問題に対して、「シェアを上げるべき」というような、**問題をひっくりかえしただけの答えは、解決につながらない考え方として「コインの裏返し」と言われています。**

では、どうすれば「コインの裏返し」にならない答えが出せるのでしょうか。

近代哲学の父と称されるフランスの哲学者ルネ・デカルトの名言に〝難しい問題は、小さく分けて考えなさい〟という言葉があります。

つまり、「コインの裏返し」にならないためには、**答えが出せるぐらいにまで分解して考える。**これが最初のステップとなります。

「市場シェアが下がっている」ことが問題であれば、市場シェアを「顧客のカバー率（対象となる顧客全体のうち、自社が取引している顧客の割合）×顧客内シェア（自社の顧客が発注する金額全体のうち、自社向けに発注される金額の割合）」に分解し、「顧客のカバー率が下がっているのだろうか、顧客内シェアが下がっているのだろうか。地域カバー率はどうか、製品カバー率はどうか……」と、答えが出せる大きさにまで分解していくことから始めます。

このような問題に対して、会議でよく、「どうすればシェアを上げられるか、思いついた案をこの場で出してくれ。出てきた案を、実行しやすい順に並べてできるところから実行していこう」というアプローチを目にすることがあります。しかし、問題を分解して考えようとしないこのようなアプローチは生産性が低く、正しい解決策にたどり着きません。

■「分解」が答えの範囲を制限することを意識

分解して物事を考えるのは、それほど難しくありません。

ただ、ここで意識しておくことは「**分解することは、答えが出る範囲をせばめることでもある**」ということです。つまり、正しくない分解をしてしまうと、正しい答えにはたどり着かないことになります。

たとえば、スポーツ用品メーカーにおいて「売上高をどうすれば上げられるか」という問題を解く場合、「店舗別での売上高の合計」「製品別の価格×製品別の販売数」「市場規模×自社シェア」「固定費と変動費と利益の合計」「顧客の年齢別の売上高」などたくさんの分解方法が考えられます。

仮に、この問題を解くために、図7のように製品別に分解して考え、次に各製品を購入している顧客の年齢別に分解して考えたとします。しかしもし、いくつかの店舗において

図7　答えにたどりつかない分解方法の例

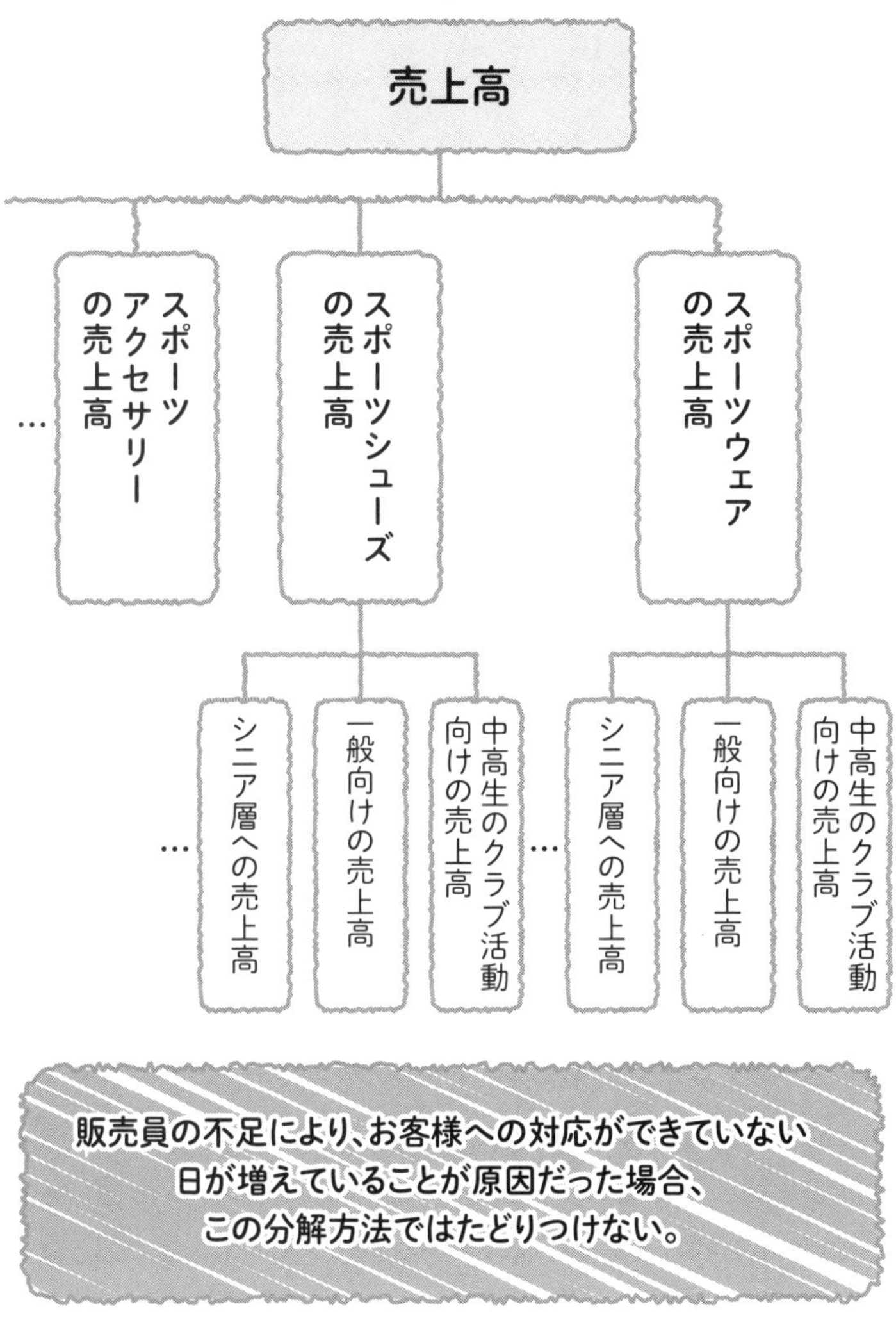

販売員の不足により店舗業務が回らない状態になっていることが問題の本質だった場合、その本質にたどり着くのは非常に困難になってしまいます。

「そういえば、現場の店長が、〝最近はアルバイト店員がなかなか集められない。そのため、レジ対応ばかりで店内のお客さんへの対応がまったくできない日が多くなってきた……〟とボヤいていたなあ。おそらく、店員の不足が売上高に影響しているのではないか」といったように、「この辺りに答えがありそうだ」という勘を働かせながら慎重に分解していく必要があります。入り口の分解方法を間違えると答えにはたどり着けなくなってしまうのです。

■「モレ」や「ダブリ」も意識はしておく

さて、問題を分解するというと、必ず出てくるキーワードに「MECE」があります。「ダブリなくモレなく」という意味の英語の頭文字をとった用語です。分解するときは、「分解したピースのそれぞれの要素が重複することなく、全体としてモレがないようにしなさい」という意味です。

たとえば、全人口を「男」「女」の性別で分ければダブリもなくモレもありません。ただ、「社会人」「未婚者」「既婚者」で分けるとダブリがあることになります。また、「未就学児」「主婦」「学生」の3つだけで分けると、モレが出てきます。

ダブリなくモレなく分解するには、一般的に**「足し算（例：都道府県別）」「掛け算（例：単価×個数）」「時系列（例：研究→開発→生産→販売）」「対比語（例：ハード・ソフト）」の4つの方法で分解**すればいいと言われています。

ただ、ダブリやモレに固執して考えが硬直化してしまうのであれば、むしろ意識しすぎない方がいいかもしれません。

たとえば、ダブリに関しては、問題を分解していく際、来店者を「20代」「ファミリー層」「シニア層」……と分けても問題ありません。「いや、20代のファミリー層がダブっている！」と指摘する人もいるかもしれません。しかし、「20代のファミリー層」が全人口に占める割合はかなり小さなものになります。

また、20代とファミリー層がダブったまま検討を進めたとしても、多少非効率なことが起きる程度です（20代向けとファミリー層向けの両方にダイレクトメールを送ってしまう、

図 8　モレを含んだ分解

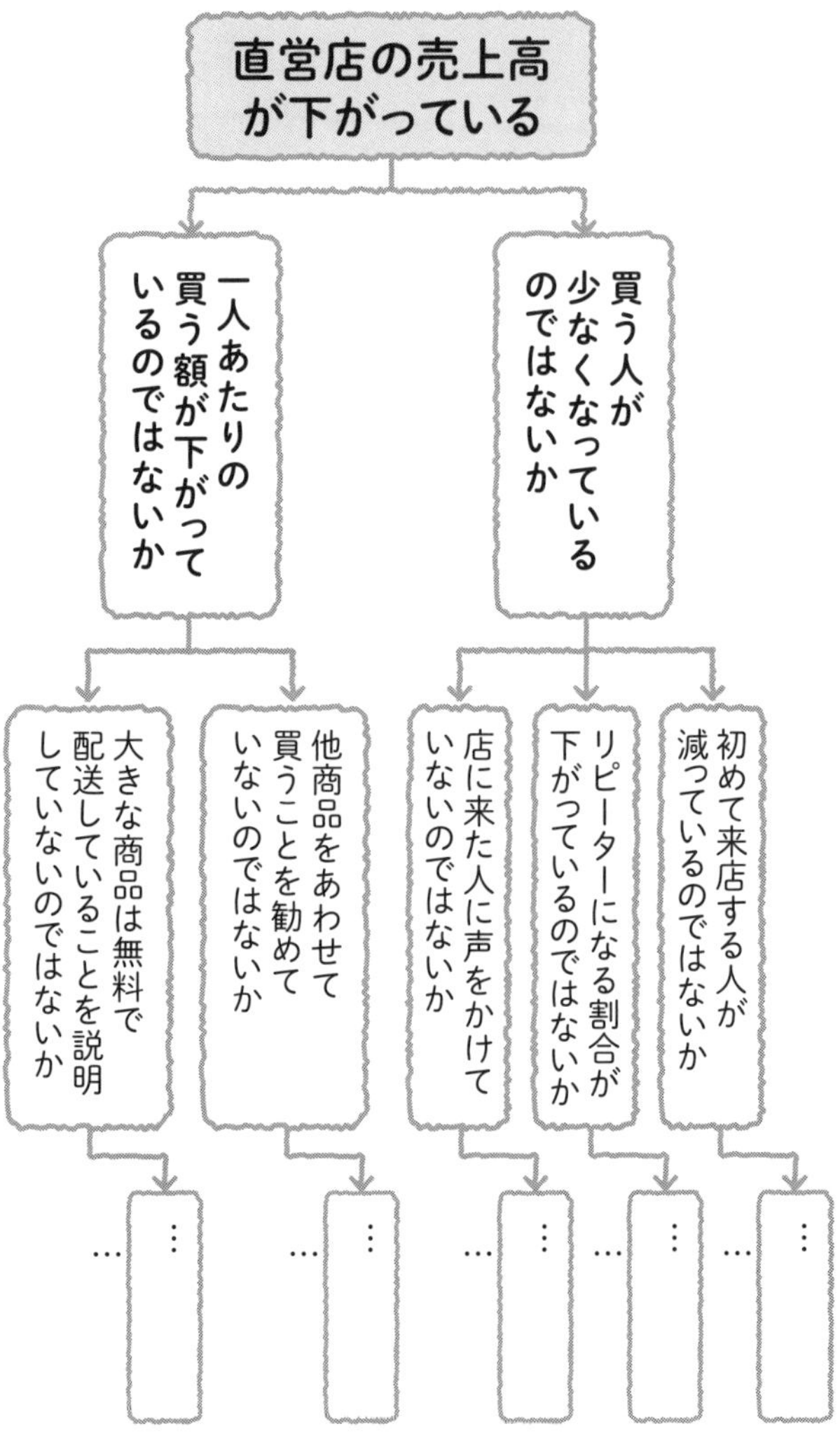
直営店の売上高が下がっている
一人あたりの買う額が下がっているのではないか
買う人が少なくなっているのではないか
大きな商品は無料で配送していることを説明していないのではないか
他商品をあわせて買うことを勧めていないのではないか
店に来た人に声をかけていないのではないか
リピーターになる割合が下がっているのではないか
初めて来店する人が減っているのではないか
…
…
…
…
…

など）。そのため、多くの場合、どの程度ダブっているのかや、それがどのような影響を及ぼすのかを考えればたいしたことではないことが多いです。それよりも、より本質的な切り口で分解できた方がメリットは大きくなります。

モレに関しても同じです。

たとえば、図8はロジック的にたくさんモレがあります。買う人が少なくなっている理由は、店の品揃えの悪さかもしれないし、会社としてのマーケティング力不足が原因かもしれません。

ただ、何がモレているのかが認識できており、問題解決を行う上でそのモレが重要でないのであれば、モレていること自体は問題にはなりません。

答えの出せるサイズの本質的な課題に行きつくことが、問題を分解していく目的です。

「ダブリなくモレなく」は意識しなければなりませんが、極端に意識しすぎないようにしないと、分析のための分析になってしまうこともあります。

先人の知恵（フレームワーク）を活用してみる

自分で使いこなせるフレームワークをいくつ持っていますか？

■フレームワークは便利な思考ツール

分解して問題を考えていくのは簡単ではありません。

たとえば、上司から「この新しい事業に参入すべきだと思う？」「今回の新製品の販売をどうすれば拡大できるか考えてみて？」と言われた場合、どうすればいいでしょうか。どこから考えればよいのか、すぐには思いつかないのではないでしょうか。

このような問題に対して、1つ1つゼロから頭をひねって考えてもいいのですが、モレなくダブリなく分解して考えるのは簡単ではありません。もし、先人の知恵でうまく処理できるのであれば活用しない手はありません。

たとえば、「新しい事業に参入すべきかどうか？」を考える場合、**「顧客」「競合」「自**

社」の3つの観点に分解して考えると、ダブりなくモレなく検討を進めることができます（顧客＝Customer／競合＝Competitor／自社＝Company の3つの頭文字をとって「3C」と呼ばれています）。

また、消費者が物を購入する際における意思決定の仕組みは**「商品を認知する→関心を持つ→欲しいと思う→購入する」**に分けて考えると便利です。

事業環境であれば**「新規参入」「代替品」「仕入先」「顧客」「競合」**の5つの観点で整理して考えると簡単です。

「いつ、どこで、だれと……」で使われる5W1Hも、ダブりなくモレなく考えるための立派な考え方です。

このように、**問題を分解して考える枠組みは「フレームワーク」と呼ばれています。**

先人は様々なフレームワークを考え出しており、関連する書籍やWEBサイトも多くあります。フレームワークは囲碁や将棋における定跡のようなものです。思考の引き出しを増やしておくためにも、いくつか頭に入れておくと必ず役に立つことになります。

■フレームワーク主義にはならないように

自分が使えるフレームワークを増やすことは大事ですが、フレームワークにこだわりすぎるのは危険です。なんでもかんでもフレームワークに落とし込もうとするのは、よくない考え方として「フレームワーク主義」と呼ばれています。

フレームワークは便利なツールですが、あくまでツールです。「フレームワーク主義」に陥らないようにしなければなりません。

たとえば、「マーケティングの4P」というフレームワークがあります。マーケティングを考える際は、**「製品（Product）」「価格（Price）」「流通（Place）」「宣伝（Promotion）」**の4つの観点で考えましょう、というフレームワークです。

「新製品の販売をどうすれば拡大できるか？」のような問題を考える場合、このフレームワークを使うことによって「あっ、価格の観点が抜けていた！」ということはなくなります。便利でよく使われるフレームワークです。

ただ、この「4P」というフレームワークも、あくまで、マーケティングを考えるための1つの枠組みの例にすぎません。マーケティングを考える場合であっても、類似製品が自社の売上に大きな影響をもたらしている場合は、「類似製品の売上への影響」「新たに獲得できる顧客」「生産・販売プロセスへの影響」に分けて考える方がいいかもしれません。また、公的機関からの許認可が大きな要素を占める製品であれば、4Pの考え方は適さないかもしれません。

つまり、「マーケティングに関する問題だから、4Pで考えればいいんだ!」とフレームワークを短絡的にあてはめると、本質的な考え方ができなくなってしまいます。

フレームワークは、あくまで「分解して考えるための1つの枠組み例」です。自分の思考をサポートしてくれる便利なツールにはなりますが、あくまで主役は自分の思考です。「どんな問題でも、フレームワークにあてはめて考えよう」というのでは、主客が入れ替わってしまいますので注意が必要です。

■作業シートもフレームワーク

仕事を進める上で、「結局、時間切れで間に合わなかった」「まったくの検討モレだった」ということはよくあるのではないでしょうか。

また、チームで問題に取りかかる場合に、「他メンバーと同じ作業をしてしまった」「そもそもチーム内での認識がズレている」ということも珍しくないと思います。

そのような状況にならないために、「問題を検討するための作業」にも便利なフレームワークが考え出されています。

そのフレームワークは、**「課題・仮説・分析・データ・成果物・担当・期日」**になります。

コンサルティング会社など、チームで問題に取りかかることが多い会社では、実際に、図9のような表をプロジェクトの初日に必ず作成します。

そして、この表を、プロジェクトの期間中、都度修正していきます。これをチーム内で常に共有することによって、時間切れや検討モレ、また、チーム内における認識のズレを避けられるようになります。

さて、このフレームワークの要素、どこかで見たことがあるのではないでしょうか。

そうです。本書で紹介している、「数字をうまく使う際の考え方のステップ」と同じ構

図９　プロジェクト検討表

問題	① 来店者数が減少し、売上高が減っている ② ……
想定される答え	① 店員の専門知識不足が原因で、リピーター客が減ったのではないか ② ……
比較の方法	①-1 売上が減った要因比較 ①-2 リピーター客が店に求める要素の推移 ①-3 リピーター客の満足度推移
必要な数字	①-1-1 来店者数の推移（新規・リピーター別） ①-1-2 購買単価の推移（新規・リピーター別） ①-2　顧客アンケート
アウトプット	①-1 来店数と購買単価の面積グラフ（新規・リピーター別） ①-2 リピーター客が店に求める上位要素と割合
担当	①-1 Aさん ①-2 Bさん
期日	①-1 ○月○日 ①-2 ○月○日

成になります。なぜなら、**数字をうまく使う際の考え方というのは、まさに、問題解決の思考プロセスと同じ**だからです。

たとえ一人で作業するような場合であっても、このフレームワークを使うことで、全体的な視野をもって作業を進めることができます。

「自信過剰バイアス」を知っていますか

一人で考え込まない

■自分は優れていると思ってしまう思考

行動心理学の中に、**「自信過剰バイアス」**というものがあります。

自信過剰バイアスとは、**「実際よりも自分が周囲の情報を把握していると考え、また自分のスキルに実力よりも自信をもつ傾向」**です。つまり、人は本質的に、「自分は人よりも優れた考えを持っている」という思考を有していることです。

たとえば、運転免許を持つ大半の人が「自分は、平均的なドライバーよりも運転が上手」だと思っていることが検証されています。本来なら、半分くらいの人は平均以下のはずです。5年以上存続する小規模会社は全体の三分の一に満たないにも関わらず、半分以上の起業家は「自分は成功する」と考えています。また、投資を行う人の大半の人は「平均的な投資家よりも相場を読むのが得意」だと思っています。

この「自信過剰バイアス」によって、先入観や偏った考えで意思決定をしても、自分は客観的に判断できていると思ってしまいます。

会社の中の問題を考える際も同じです。私もそうですが、人が行っていることに対して、つい無意識のうちに「自分がやればもっとうまくいくのに」と思ってしまいます。

「自信過剰バイアス」もスキーマと同じ、人間の思考の本質的な部分になるため、思考方法を変えることはできません。

ただ、**「自分は自信過剰バイアスを持っている」ということを意識**しておかないと、自分の頭の中だけで考えるようになってしまいます。「自信過剰バイアス」は、他の人の知識や考えを活用しようという、あるべき姿勢を阻害してしまうので気をつけなければいけません。

■いい「答えのヒント」を現場から聞き出す

もし、「担当者の意見なんて、どうせたいしたことない」「現場に行っても、別に新しいことは出てこない」と思ってしまったとき、自信過剰バイアスが悪さをしています。

社内においては、多くの場合、現場の担当者が「答えのヒント」を持っています。そのため、そのキーとなる「現場の誰か」を知っており、すぐに話を聞ける状態にあると、時間を無駄にすることは少なくなります。

ただし、現場の担当者は、問題の答えを提供してくれるわけではありません。

現場の担当者が持っているのは、「答えのヒント」ですから、その**「答えのヒント」を聞き出す工夫が必要**になります。

たとえば、商品Aが売れている要因を調べるため、自社店舗の店員に聞きに行ったとします。そこで、店員に「商品Aは商品力があるから売れているんですよ」と言われて、「そうなんですね。商品Aは商品力があるんですね」で話が終わっているのでは、「答えのヒント」にはたどり着けません。

「商品Aのどのような点が他商品より評価されているのですか?」「どのようなお客さん

に売れているのですか?」「では、なぜ、商品Aと同じような商品Bは売れていないのですか?」……と掘り下げて聞くことによって、「答えのヒント」に近づくことができます。

また、自分が持つ常識の枠内でしか考えられない人に対しては、「売上を10倍にするにはどうすればよいでしょうか?」「コストを四分の一におさえるにはどうするのがよいでしょうか?」のように、既存の枠内では解決できないような質問を投げかけることによって、「答えのヒント」を引き出すことができます。

まずは自分の頭でよく考えることが前提にはなりますが、できるだけ他人の脳も借りて肉付けすることで、よりいい答えにたどり着くことができます。

■「答えのヒント」は誰かが持っている

答えのヒントは、大抵誰かが持っています。

もし、社内にそのような人が見つからなかったとしても、世の中、その道の専門家はたくさんいます。そのため、「面倒くさい」「自分で大体把握しているから」と、自分の頭の中だけで考えようとせず、専門家の知恵に頼った方がいいのです。

面識のない人に電話でインタビューを申し込むことを「コールドコール」といいます。「知らない人に、突然教えてくれと電話するのは抵抗があるなあ」と思うと思います。ただ、口下手な私でも打率5割程度でしたが、数え切れないくらい多くの話を聞きに行くことができました（コンサルティング会社の中ではかなり低い打率ですが……）。

今でもコールドコールはしますが、当時は「商談もないのに、教えてくれと電話するなんて、自分は大変あつかましいことをしている」という意識があり、コールドコールをするのが本当に嫌でした。

しかし、**人は、相手の問題意識がはっきりしていて、自分の知識が相手の役に立つと思えば、会ってもいいなと快く思ってくれる**ものです。

「人に聞く」というのはお金もかからず、断られても損はありません。受話器をとって電話するだけです。フットワーク軽く、すぐに人に聞くクセをつけておくと、自分だけでは考えつかない「答えのヒント」にたどり着くことができます。

3

数字を集める

必要な数字はカチッと定義する

「手元の数字から何が言えるか」と考えていませんか？

■「手元の数字で何が言えるか」という考えは捨てる

時間に追われた中で仕事をしていると、つい、数字を集めるステップを省略したい気持ちになります。数字を集めなくてすむとなると、手間と時間を大きく減らせます。それによって、残業せずに早く帰れるかもしれません。

そのような誘惑から、「手元の数字で何が言えるか」と考えてしまう〝思考の落とし穴〟にはまってしまうことがあります。

「手元の数字から何が言えるか」と考えてしまうと、前段階までのステップが無駄になってしまいます。ここまで、5つのステップの「問題を設定して、作業イメージを持ちながら仮説を立てる」までを行ってきました。ここまで来れば、必要な数字（＝これから集める数字）はもう決まっているはずです。

「手元の数字で何が言えるか」とは考えず、まずは必要な数字を探してみましょう。

■何の数字を集めようとしているのか

集めるべき必要な数字は決まっているはずです。

ただ実際に作業を進めていくと、集めるべき数字よりも、類似の、少し定義の異なる数字しか集められないことの方が多いです。そのため、それら類似の数字が使えるかどうかを取捨選択していくためにも、実際に数字を集める作業の前には、改めて「何の数字が必要なのか」を確認しておかなければいけません。

たとえば、会社で、インターネット販売を行うことになったとします。インターネット上で物を販売するためには、決済代行会社を選ばなければなりません。

上司から「決済は大事だから、手数料が変わらなければ、一番規模が大きいところにお願いしておいて」と言われた社員は、インターネットで「決済代行会社」「ランキング」というキーワードで検索をしました。結果、検索して出てきたのが、売上高と処理件数のランキングだったため、その2つのランキングを資料にまとめ、上司にどの決済代行会社に依頼するのかの判断を仰ぎます。

この場合、もし上司から「なぜ、売上高と処理件数なの？」と聞かれたら、この社員は答えに困るはずです。なぜなら、どの数字を集めようとしているかが明確に定義できていなかったからです。

ここまで雑に数字を扱うケースは実際にはなくとも、同じようなケースはよく目にします。何となく数字を集めるのではなく、「何を判断するために何の数字を集めないといけないか」はしっかり腹落ちさせないといけません。

このケースだと、規模を比較する基準はたくさんあります。

決済代行会社を比較するのであれば、事業規模として売上高で比較するときもあれば、総取扱金額で見ることもできます。いかに、導入しているところが多いかという観点で、導入企業数や総導入店舗数で見ることもできます。海外分を除くかどうかで結果は大きく違ってきます。

また、取扱額のほとんどがグループ会社向けだった場合、それを含めるのかどうかによっても結果は違ってきます。数字を探す前に、必要な数字をしっかり定義する必要があります。

何を判断する目的で、何の数字を集めようとしているのかを、よく理解しておく必要があります。その点をしっかり理解していれば、もし、集めようとしている数字が見つからず、類似の少し定義の異なる数字があった場合に、その数字を使っていいのか悪いのか、どう使えばいいのかの判断もすぐにつけられることになります。

「ひとり暮らしの平均的な家賃」のデータはどこで見つかるかすぐにわかりますか？

世の中にある数字について、ざっくりとした全体観を持つ

■ざっくりとした全体観を持つ

世の中にある数字に対して「こういう類の数字は、こういうところを調べればありそうだな」という**ざっくりとした全体観を持つ**ことができると、数字を集める（もしくは、見切りをつける）速度はぐっと速くなります。

たとえば、「ひとり暮らしの人が平均でどのくらい家賃を払っているか」「携帯電話料金を世帯あたりどのくらい払っているか」という数字を調べる場合、どうするでしょうか。

インターネットで検索すると見つかるかもしれません。新聞の記事検索でも、見つかるかもしれません。ただ、ここで「これらは家計に関わることだから、国の行っている調査を見ればわかりそうだな」という勘が働けば一人前です。

実際、これらの数字は、統計局の家計調査を見ればすぐに手に入ります。

どのような情報が、世の中のどこにあるのかの全体観を意識しながら調べごとをしていると、だんだん、塊としての数値データがどこにあるかがわかるようになります。そうすると、「必要なデータを朝からずっとインターネットで調べていたら、見つからず夕方になっていた」ということもなくなります。

また、「このデータはこれ以上探しても無駄だな」という見切りもつけられるようになるので、アンケート調査をしてみるとか、推計（他の数字から推定して計算すること）をしてみるとか、違う手段へ切り替える判断も素早く行えるようになります。

■必要な数字はどこにあるのか

最近ではインターネットから無料で手に入る情報も多くなりましたが、まだまだ、紙媒体や有料の情報サービスから得られるものもたくさんあります。

通常、仕事で使う情報ソースは、以下の４つのカテゴリーに分けられます。

① WEB情報
② 各種統計
③ 書籍・一般紙（新聞・雑誌）
④ 業界紙・レポート

①「WEB情報」は、いわゆるインターネット検索で見つかる一般情報です。検索するワードを工夫したり、検索の演算子（「Aという言葉は含むが、Bという言葉は含まない」など）を駆使することでより早く情報にたどり着けます。消されてしまったWEBサイトの過去の情報を調べる方法もいくつかあります（Internet archive: Way Back Machineなど）。

②「各種統計」は、行政や団体が出している統計数値になります。国勢に関する基本的な数値は統計局のサイトに行けばまとめられています。また、各種統計数値をまとめたサイトも複数あります。

③「書籍・一般紙（新聞・雑誌）」は、書店やインターネットで購入することができま

すし、日経テレコンなどの有料サービスで過去の雑誌・新聞検索をすることもできます。国立国会図書館に行けば、ほとんどの雑誌や新聞を過去にさかのぼって閲覧することもできます。

④「**業界紙・レポート**」は有料で購入することが多いですが、会社で取引のある金融機関から、アナリストレポートなどの各種レポートが入手できるかもしれません。マーケティング・データ・バンクのように、各種業界紙を取り揃えているようなところもあります。有料の調査会社ですが、矢野経済研究所や富士経済研究所であれば、多くの業界についての調査レポートを取り扱っています。

また、企業の財務情報であれば、公開企業はＥＤＩＮＥＴ（金融庁）や企業のホームページ、未公開企業であれば、有料ですが東京データバンクや東京商工リサーチなどの企業調査会社を見てみると見つかるかもしれません。

当然、どの情報がどこにあるのかを全て把握することはできません。また、リサーチの専門家でもないので、どこにどのようなデータがあるのかを日々見張っている必要もありません。

ただ、少なくとも自分の仕事に関係していることに関しては、4つのカテゴリーごとに、それぞれどのような情報ソースが利用可能なのかを把握しておくと、いざ調べごとをしなければならない場合に役に立ちます。

■意識しながら調べごとをする

「調べたけれど、結局必要な情報は見つからなくて、時間だけ無駄にしてしまった……」という苦い経験は誰しもあると思います。そのような経験が増えるにつれ、「調べる」ということに対する意欲が薄れてくる気持ちもわかります。

ただ、**WEBでささっと調べる程度以上は行わない、という悪しき習慣は身につけない**ようにしないといけません。いつもWEBで簡単に調べるだけで済ませていると、塊としての数値データが世の中のどこにあるのかの感覚がなかなか身につかないからです。

「ひとり暮らしの人が平均でどのくらい家賃を払っているか」を調べるため、統計局の家計調査のデータにたどり着いたら、ざっとその他の統計数値も眺めてみて「あぁ、国はこういう観点で統計数値をとっているんだ」という考えを養っておくことが大事です。

財務情報を調べるために企業の計算書類にたどり着いた場合は、ざっと全部読んでみて「あぁ、こういう情報を企業は開示しているのか」というイメージをつかんでみます。

そうすることで、大きい塊としての数値データ（家計に関するデータ、企業の財務データ、雇用に関するデータなど）がおおよそどこにあるのかのイメージが身につき、より効率的に数字を集めることができるようになります。

本来、調べごとは、新しい発見をするチャンスでもあり、楽しい作業のはずです。塊としての情報がどこにあるのかの感覚が身についてくると、「数字を集める」ステップは、色々な発見があり、知的好奇心を満たす喜びの場となります。

数字がなくても、あきらめずに推計してみる

「中学生向けのテニスラケットの市場規模」はいくらですか？

■数字が見つからないことはよくある

「いくら探しても必要な数字が見つからない！」ということはよくあると思います。そもそも、手に入る数字は限られています。そのため、むしろ、必要な数字が全て集まる方が珍しいくらいです。

たとえば、国内の中学生向けにテニスラケットの販売強化を検討していたとします。中学生向けのテニスラケット販売の市場規模を知る必要があるのですが、関連する本を読んでも、ネットで調べても……、いくら探しても「中学生向けのテニスラケット市場規模」の数字が見つかりません。どうすればよいでしょうか。

どうしても必要な数字が世の中にない場合は、数字を自分で作るしか方法がありません。外に出てフィールド調査をしてみるのもいいですが、推計してみることで事足りることが多いのです。

■まずはざっと推計してみる

先ほどの、「中学生向けのテニスラケット市場規模」を知る必要がある場合で考えてみましょう。

まずは、推計とは程遠いですが、「大体、100億円くらいかな」と勘で決めてみるのもいいと思います。なぜなら、「わからない」で止まってしまうより、勘であっても、何かしらの答えを想定する方がいいのです。

ただ、それではまだ粗いので、もう少し分解して考える必要があります。

中学生向けのテニスラケット市場は、図10のように「中学校のテニス部に所属する人数×1年間に買うテニスラケットの本数×テニスラケットの値段」と3つに分解できそうで

図 10　中学生向けテニスラケット市場の推計

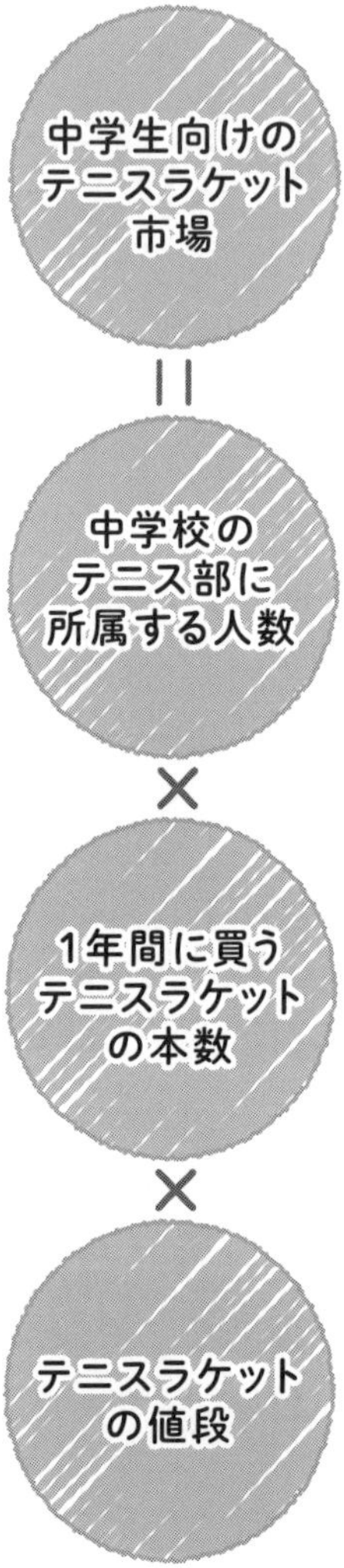

す。テニス部以外でもテニスをする人もいますが、テニス部員に比べると少ないので、考えないことにします。

次に、それぞれ分解した数字を推計してみることにします。

中学生の人数が大体３００万人（小学校〜中学校の一学年の人数は大体１００万人です。覚えておくと便利な数字です）なので、テニス部に所属する人が20人に１人だとすると、中学校のテニス部に所属する人数は15万人となります。１年間に買うテニスラケットの本数を１人２本だとして、テニスラケットの値段を１本２万円とします。

そうすると、15万人×２本×２万円＝60億円の市場規模ということになります。

■もっと時間があればどうするか

数分でざっと推計するならこの程度です。ただ、もし時間があるのなら、検証もしてみましょう。

たとえば、テニス連盟の資料を見てみると、10代で週２回以上テニスをする人は40万人いるそうです。そうすると、中学校でテニス部に所属する人数を15万人と推計したのは大体正しそうです。

また、テニス部のある学校数や部員数などの数字もあるので、中学校でテニス部に所属する人数も、もう少し正確に算出できそうです。

1年間に買うテニスラケットの本数も、周りの人に聞いてみたり、余裕があればアンケートをして数字を集めることはできそうです。テニスラケットの値段はカタログや社内数値で大体わかるはずです。

このように、分解して数字をざっと推計してみることは**「フェルミ推定」**と呼ばれています。

一般的には、必要な数字がないときに推定する手段として使われます。ただ、実は、この推計は、必要な数字のあるなしに関わらず、**数字をさがす前には常にクセとして行うようにした方がいい**のです。

なぜなら、数字を探す中で、正しくない数字を見た際に、「あれ、推計した数字と大きく違うな」というチェック機能が働くからです。

たとえば、「中学生のテニス人口は100万人」という記事を見つけた際に、「あれ、推計した値と違うなあ。中学生の３人に１人がテニス人口に含まれるのは多すぎるのでは？もしかすると、データが間違っているのかもしれない」という勘が働くからです。

世の中には間違っていたり、偏った定義になっていたりする数字はたくさんあります。そのため、そのような数字を鵜呑みにしないためにも、常に数字を推計してみるクセをつけておくと役に立ちます。

数字の「出所」と「定義」は細かく確認する

「営業部からもらった数字なので……」という言い訳をしたことはないですか？

■どこから集めてきた数字なのか

「出所」、つまり、数字をどこからとってきたのかを必ず意識しなければいけません。なぜなら、「出所」によって数字の価値は大きく変わるからです。

数字は、全て「意図」があって公開されています。

たとえば、企業は自社に都合のいい偏った数字を公開しているかもしれません。業界団体は、法案を通すためや、助成金目的で、実際より苦しい状況を示す数字を公開しているかもしれません。国によっては、金利やインフレ率をコントロールするために、あえて公開する数字を選んでいるかもしれません。

また、数字を使う人はつい、自分の都合のいいように数字を解釈してしまう傾向があります。

アメリカの未来学者アルビン・トフラーは〝手に入る全てのデータについて、使うか使わないかはまったくの自由。ただし、全てのデータについて、知性や判断力をもって疑わないといけない〟と警告しています。

今は、様々な出所から数字をとってくることができますが、その数字がなぜ公開されているのかを意識し、どの数字を使うかという最終的な判断を慎重に行う必要があります。

パソコンを購入する場合、インターネット上の価格比較サイトで調べて、最も安いお店から購入する人も多いと思います。それは、パソコン自体に価値があって、どこのお店から購入しようと、そのパソコンの性能は変わらないからです。

一方、数字の場合、数字自体に色はなく、**その数字が使える数字なのか使えない数字なのかは、出所に依存するところが大きい**のです。

数字が、国の統計数値であれば、ある程度信用できる数字になり、価値を持つことになります。新聞記事ならそのまま数字を使えそうですが、実は鵜呑みにするのは怖いものです。インターネットや雑誌記事なら根拠を確認しないと使えず、数字の価値はかなり下がります。

どこから数字をとってきたかの「出所」は必ず意識し、資料に記載する必要があります。

■使う数字に責任を持つ

「信頼できる出所から集めてきた数字だから大丈夫」だけではなく、それが**どのような数字なのかを把握しておく**必要があります。

たとえば、数字がアンケートの調査結果だった場合、誰にどのように調査を行ったのかを知っておく必要があります。

また、どの年に調査された数字なのかは当然大事ですし、一年の中のどの時期に調査したのかも意識する必要があります。なぜなら、夏と冬でアイスクリームやビールの需要が変わるように、人の趣向は季節や曜日、時間帯によって異なってくるからです。

自分が集めてきた数字にはきちんと説明責任を持つ必要があります。少しでも「おかしいな」と思えば、提供元に確認します。

国の統計データであっても、数字の定義に疑問を持った場合は、担当窓口に連絡して確認する手間を惜しむべきではありません。

もし、自分が数字の定義に納得できないのであれば、その数字は使わない方がいいことになります。

それは社内であっても同じです。集めてきた数字をそのまま使い、「この数字おかしくない？」と言われ、「いや、私に言われても……。この数字は営業部からもらった数字なので……」という責任感のない対応ではいけません。他部署からの数字であっても、データの定義がおかしいものはしつこく確認しなければならないのです。

■お金に関する数字は特に注意

使用する頻度が高いにも関わらず、あまり注意を払うことなく使われている数字があります。それは、**「お金に関する数字」**です。

「お金に関する数字」は、日々の販売実績からプロジェクトの収支計画まで、会社の中の様々な場面で使われます。

会社は、営利企業である限り、判断を行う際の最後のよりどころを「お金に関する数字」においています。それにも関わらず、数字の定義をきちんと確認しないまま使われていることが多いので注意が必要です。その中でも特に、会計の数字とキャッシュの数字の違いがあいまいなまま使われているケースをよく目にします。

たとえば、Aさんは、5年前に立ち上げたプロジェクトの収支報告をするように、上司から言われたとします。そこで、自分で管理している支払いの記録から、図11のような報告書を作成しました。ただ、念のため、経理にも確認しておこうと思い、経理部にプロジェクトの収支報告を出してもらうようお願いしました。

結果、経理部から出てきたのが図12になります。Aさんの数字と経理部からの数字は大きく違っていました。なぜこのようなことが起こるのでしょうか。

原因は、Aさんと経理部では、「収支の数字」に対する定義が違っていたことにあります。

具体的には、Aさんは、「キャッシュの考え方」で数字を作成しており、経理は「会計の考え方」で数字を作成していました。

「キャッシュの考え方」は、支払いや入金が行われたタイミングで収支を認識します。つ

図11　支払い記録から作成した収支報告書

(単位:万円)	1年目	2年目	3年目	4年目	5年目
収入	100	300	500	600	300
支出	▲1,000	▲200	▲200	▲200	▲200
収支	▲900	100	300	400	100

図12　経理部から出てきた収支報告書

(単位:万円)	1年目	2年目	3年目	4年目	5年目
収入	200	400	500	600	600
支出	▲300	▲400	▲400	▲400	▲400
収支	▲100	0	100	200	200

まり、このプロジェクトだと、１年目に１０００万円の入金があり、１０００万円の支払いがあったこととなります。

一方、「会計の考え方」は、発生した月に数字を計上します。つまり、このプロジェクトだと、１年目に２００万円の売上が発生し、３００万円の費用がかかったことになります。

たとえ入金がなくとも、売上が発生したと考えられれば数字を計上します。

また、たとえば１０００万円の支払いがあったとしても、10年間使える機材であれば、１年間に１００万円ずつ10年間費用計上を行います。

「キャッシュの考え方」と「会計の考え方」では、大きく数字の定義が異なることになるのです。

「お金に関する数字」には、このような「キャッシュの考え方」と「会計の考え方」の違いだけではなく、様々な定義の違いがあります。最終的な判断の材料に使われることも多いため、特に注意して定義を確認する必要があります。

数字の母集団を確認する

母集団の落とし穴には気をつけていますか？

■調べたい「母集団」と、調べる「母集団」

自分が知りたいと思っている対象（＝母集団）と、集めてくる数字の対象が同じなのかどうか。もし**同じでないとすると、どこが違うのかを意識する**必要があります。

たとえば、シニア層をターゲットとしたビジネスを考えている際、繁華街にいる若者の行動データを集めても参考になりません。同様に、女性に絞ったマーケティングをする際に、ヒアリングを行う対象が男性ばかりだとほとんど価値がありません。

現実には、ここまで明らかな間違いをすることはありません。

しかし、「テニスラケットの買い替え頻度を調べるために、お店に来るお客様を対象に一週間ヒアリング調査をした」などといった例は、実際に目にすることがあります（一定期間の間にお店に来る人を母集団にすると、買い替え頻度が高い人に対象が偏ってしまいます)。

他にも、同じ店舗を比較する場合や、インターネットでアンケートを行う場合、つい母集団に対する意識が低くなってしまうことがあります。数字を集める際、まずは、母集団を意識することから始めましょう。

■母集団の構成は常に意識する

〝自分が知りたいと思っている対象〟について、どのような集団なのかのイメージを持っておく必要があります。

たとえば、「シニア層をターゲットとしたビジネスを考えているため、シニア層について知りたい」であれば、「シニア層は日本に大体何人くらいいるの?」「大体の男女比や年齢ごとの人数は?」などになります。

このあたりを意識せず曖昧にしたままにしてしまうと、調査の対象としている母集団が正しいのかどうか、調査を実施して集めてきた数字(サンプル)が使える数字なのかどうか、集計した結果をもとに判断していいのかどうかの判断を、素早く行うことができなくなってしまいます。

「母集団を意識しておかないと、個別の集計から間違った判断をしてしまう」という例として、**シンプソンのパラドックス**があります。

たとえば、図13は、2つの学校における男女別の数学の平均点数になります。A学校の方が、男子生徒、女子生徒とともに平均点が高いことになります。

では、A学校とB学校で、生徒全体の平均点はどちらの方が高いでしょうか。「男子生徒と女子生徒、ともにA学校の方が点数がいいのだから、全体でもA学校の方がいいはず」と考えるのではないでしょうか。

これが、つい、**母集団に対する意識が低くなる思考の落とし穴**です。

実際には図14のような集計で、A学校とB学校における全体平均はそれぞれ74点で同じだったことになります。

このケースでは、A学校とB学校における集団の構成（このケースだと、男子生徒と女

図 13 数学の平均点数（男女別・学校別）

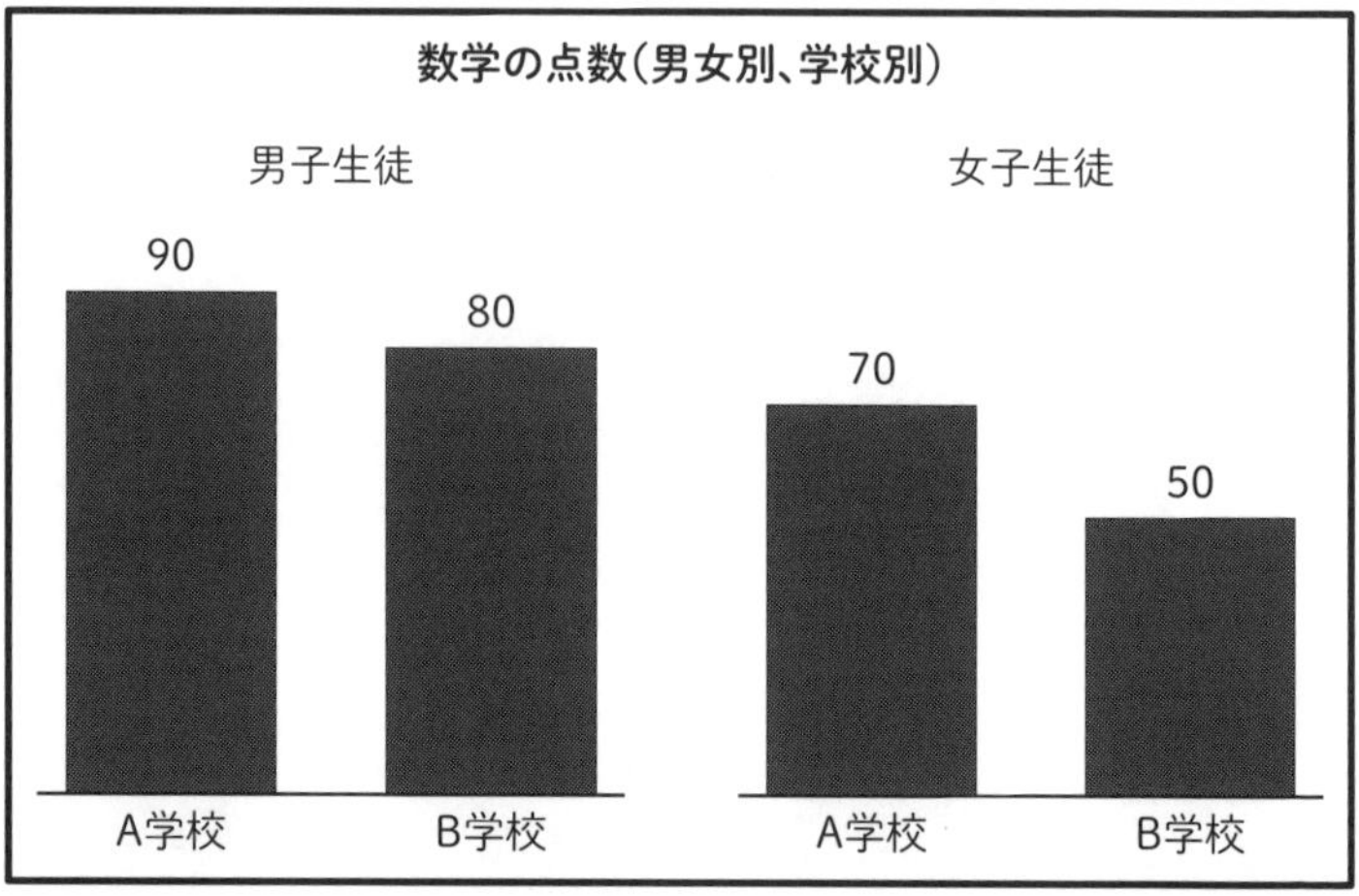

図 14 各学校の男女別人数と平均点数

		人数	平均点
A学校	男子	20	90
	女子	80	70
	合計:	**100**	74
B学校	男子	80	80
	女子	20	50
	合計:	**100**	74

子生徒の比率）が異なっていました。そのため、集団全体の比較をするために、個別の要素である「男子生徒」「女子生徒」を比較することに意味がなかったことになります。

母集団の構成を意識していないと、このように誤った判断をすることにつながります。

「集めてくる数字の母集団」と「自分が知りたい対象」の差異は意識することが必要です。そうしなければ、細かく数字を比較（先程の例だと、男女別の比較）をすることが、集団全体にとってどのような意味を持つのかがわからなくなるからです。

サンプルの嘘にだまされていませんか？

数字のサンプルを確認する

■本当に知りたいのは母集団の数字

調べようと思っている対象（＝母集団）を全て調査することは大変です。

たとえば、国が5年おきに行っている国勢調査では、日本に住んでいる人全員を対象に、全世帯の調査を行います。そのため、インターネットや郵送で回答がなかった世帯を調べるために、約70万人もの調査員によって全てのデータを集めています。

このように母集団を全て調査することは「全体調査」と呼ばれていますが、膨大な時間と費用が必要になります。そのため、多くの場合は、サンプル調査を行うことになります。

たとえば、テレビ番組の視聴率調査では、６６００世帯のサンプル調査で、全国の放送エリアの各視聴率を計算しています。

サンプルとは、母集団から取り出した一部のデータになります。

いいサンプルの条件は「偏った抽出になっていないこと」です。つまり、サンプルと母集団は全体数が違うだけで、同じ構成になっていることが理想になります。

なぜなら、**本当に知りたいのはサンプルの数字ではなく、母集団の数字**だからです。

■サンプル数はいくつあればいいのか

「アンケートの結果、世の中の50％の人は当社製品の価格を高いと思っていることがわかりました」という報告があったとします。もし、そのアンケートをとった数が10件だった場合、結果についてどう思うでしょうか。

もし、本当に世の中の50％の人が「価格が高いと思っている」として、アンケートをとった数（＝サンプル数）が10人だった場合、本来なら、ちょうど5人が「価格が高い」と回答するはずです。ただ、実際は、たまたまそう思っていない人に偏ってアンケートの対象に選んでしまうこともありえます。

実際には、図15にあるように、ちょうど5人が「価格が高いと思っている」と回答する

図15

アンケート結果の確率
（アンケートをとった数が10人だった場合）

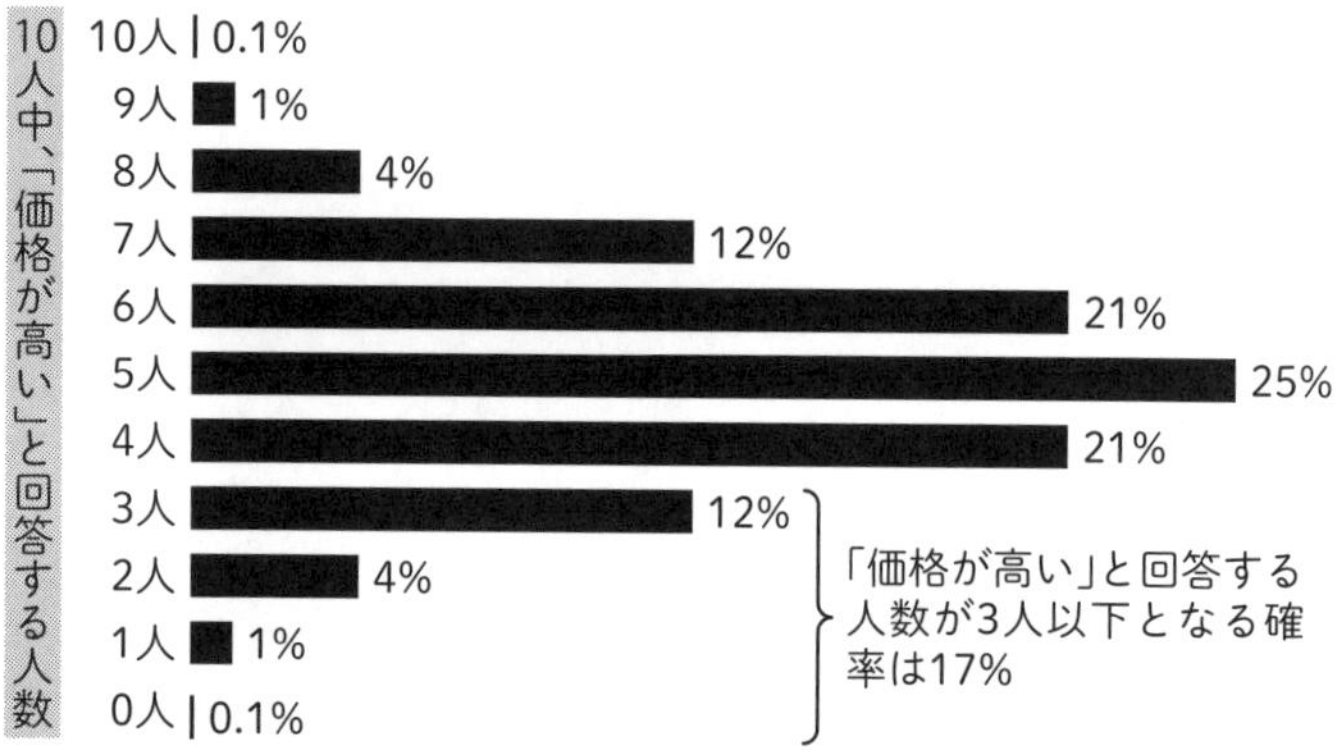

確率は25％しかありません。４人が回答する確率は21％です。３人以下の人が回答する確率は17％です。

つまり、本当に世の中の50％の人が「価格が高い」と思っていたとしても、サンプル数が10人だった場合、「30％以下の人が価格を高いと思っている」という結果が出る確率が17％もあったことになります。

では、アンケートをとった数が20人だった場合どうでしょうか。

この場合、「30％以下の人が価格を高いと思っている」確率は図16のように6％となります。10人が対象の場合よりは安心できるかもしれませんが、まだ不安

図16

アンケート結果の確率
（アンケートをとった数が20人だった場合）

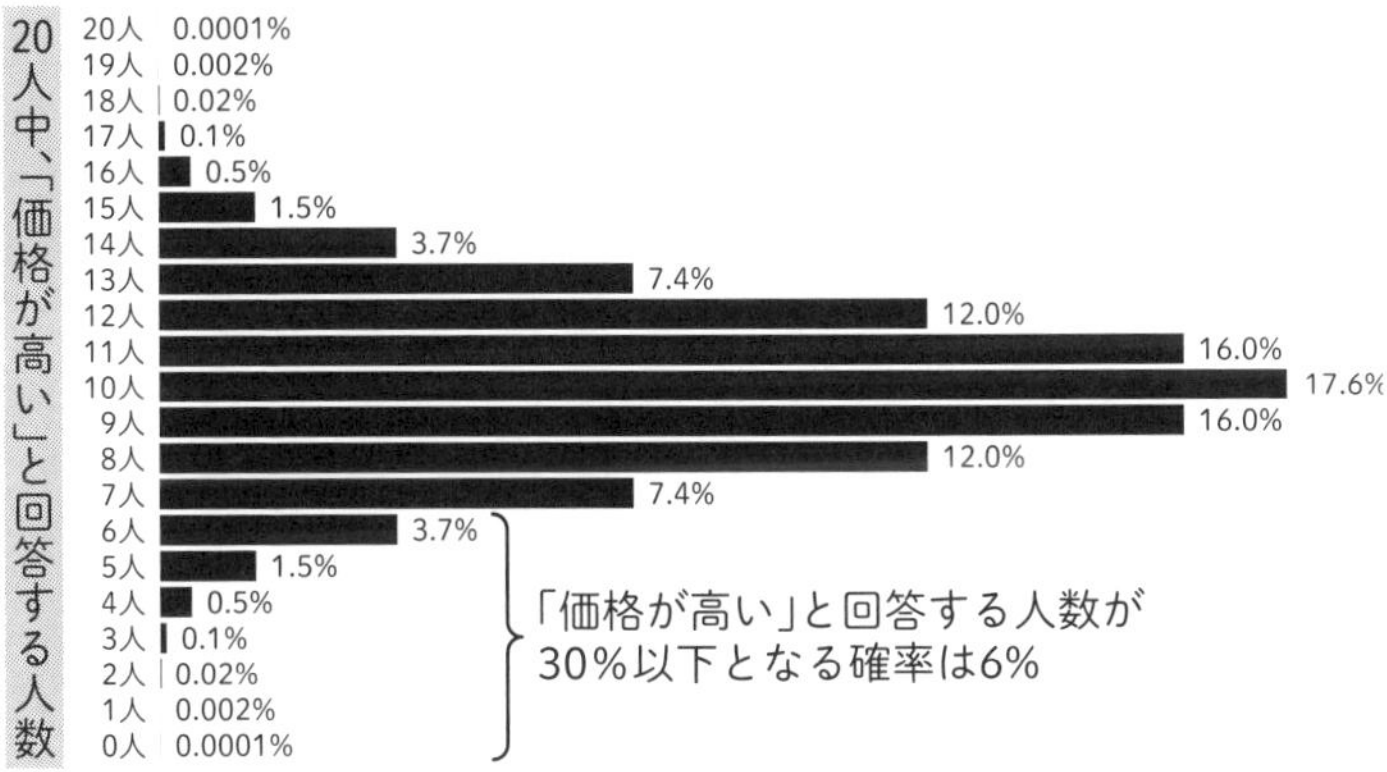

が残るかもしれません。

では、１００人だった場合はどうでしょうか？　１００人の場合は図17にあるように０・００４％まで下がります。

「いくつサンプル数をとれば大丈夫」という絶対的な答えはありません。サンプルの数は多ければ多いほど、より母集団の数字に近づいていきます。

「正確に結果を知りたい」場合と、「大体、半分なのか8割なのかをざっくり把握したい」場合など把握したい正確さによっても違ってきます。

ただ、ざっくり考えるのであれば、**「サンプルの数は、１００件とれば、違っていた場合でも10％程度の誤差。４０**

図 17

アンケート結果の確率
（アンケートをとった数が100人だった場合）

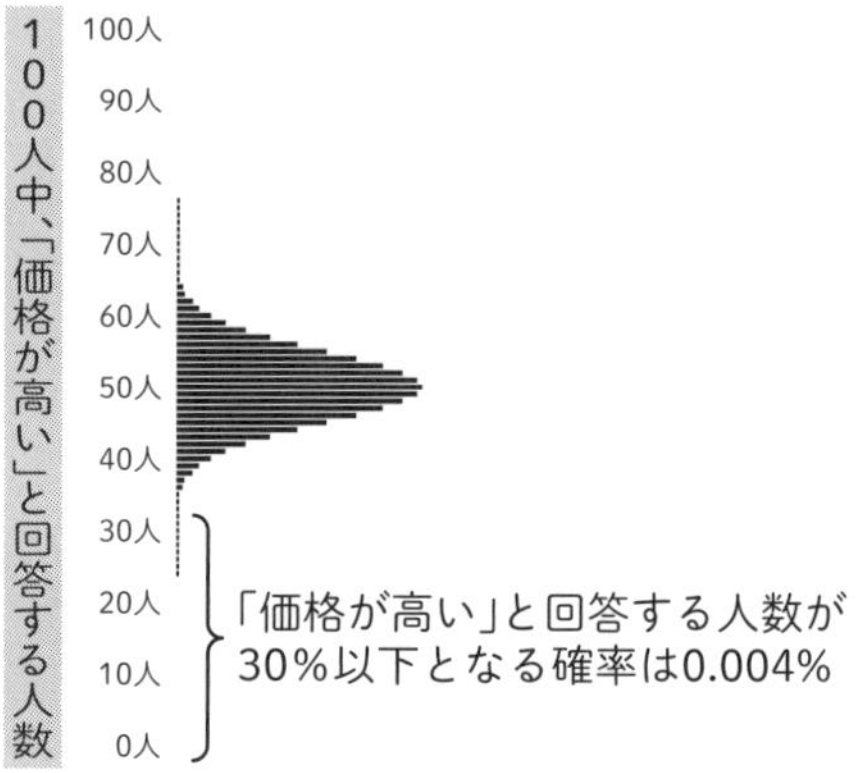

0件とれば、5%程度の誤差におさまる」のが一般的です。この数字を頭に入れておくと、調査をするとき、または調査結果を見るときに便利です。

■サンプルが偏っている場合は要注意

集めてきたサンプルが、調べたい母集団と大きく違っていることはよくあります。その場合は、**「なぜサンプルが偏ってしまったのか」を考える**必要があります。

調べたい対象（＝母集団）が、男女半々だったとしましょう。しかし、アンケートで集まった結果は、男性6割、女性4割でした。男性の方が女性の1・5倍多いことになりますから、そのまま集計すると、男性の意見の方が強くアンケート結果に出てしまうことになるのです。

このような場合に、女性の意見を1・5倍重くして集計する「ウェイトバック集計」という調整が、安易に使われるケースをよく目にします。

確かにこういった調整は、より正しく母集団を推計する上ではとても重要です。

しかし、無作為に集めた1000件のアンケート対象が、男性6割以上、女性4割以下となる確率は0・0000000001％しかありません。つまり、男性の数が6割以上となったアンケートとは、サンプルの集め方が不適切であったことに間違いありません。

たとえば、「アンケートをとった場所がゴルフ場だった」「独身女性には答えにくいデリケートな質問で、女性からの回答は既婚者からしか集まらなかった」など、そもそも非常に偏った人を対象にアンケートを行っていたことが考えられます。

いいサンプルの条件は「偏った抽出になっていないこと」です。 サンプルが偏っていた場合は、なぜ偏ってしまったのかを考えることが必要なのです。

集まったサンプルが偏っていた場合、調整を行う前に、「なぜ、サンプルが偏っていたのか？」を考えるようにしましょう。

4

数字を比較する

比べているのがリンゴとリンゴなのか確認（項目間比較）

前提条件も「アップル・トゥ・アップル」になっていますか？

■「分析」とは「比較」すること

「はじめに」でもお話ししましたが、「分析とは何だと思う?」と以前に上司から聞かれた時、答えられずに恥ずかしい思いをしました。

「分析」とは「物事を比較し、その差から意味合いを見い出すこと」です。難しい言い回しのように聞こえますが、「比較」という部分が重要です。

図 18　「分析」にはならない例

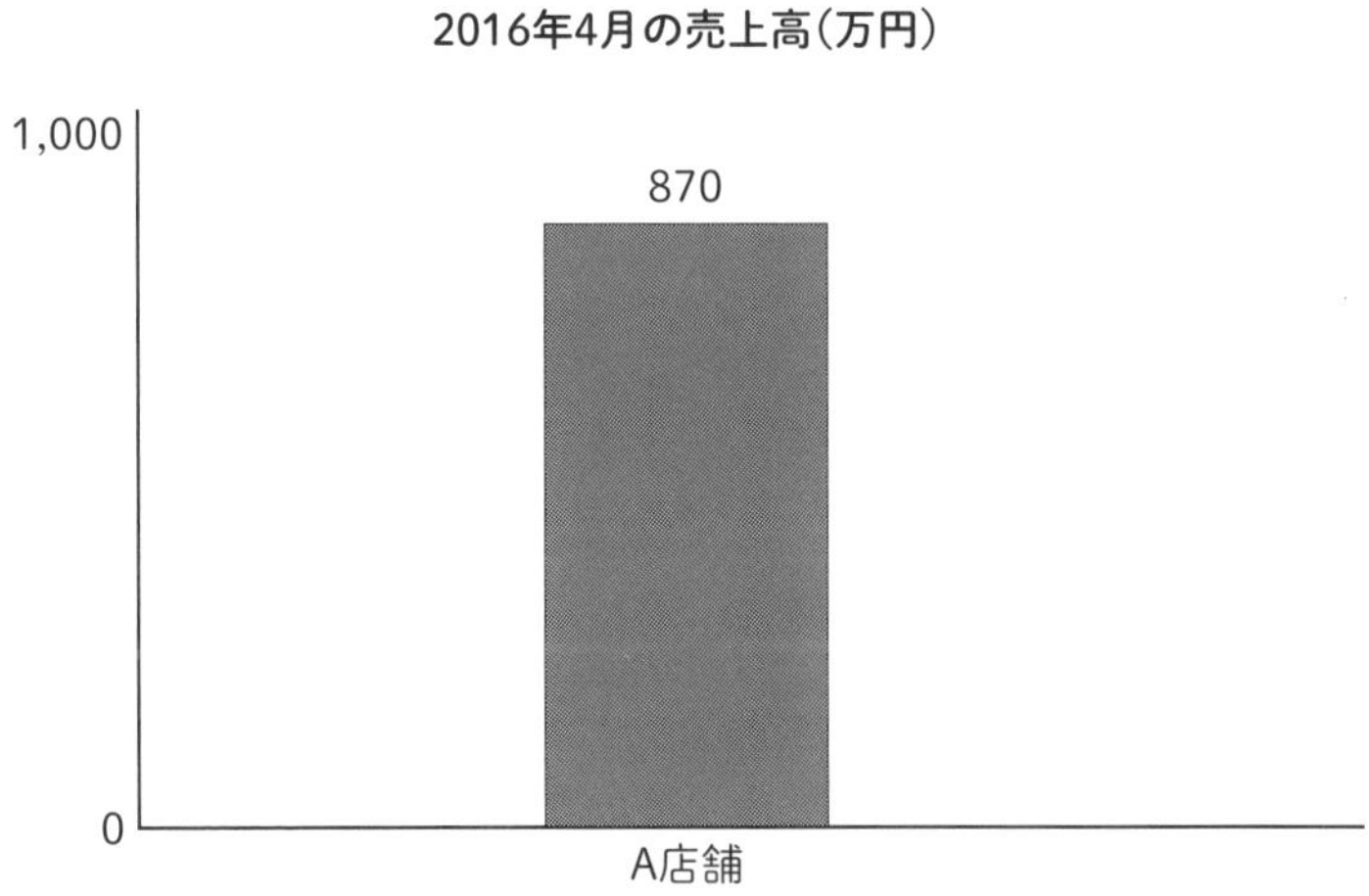

図 19　「分析」となる例

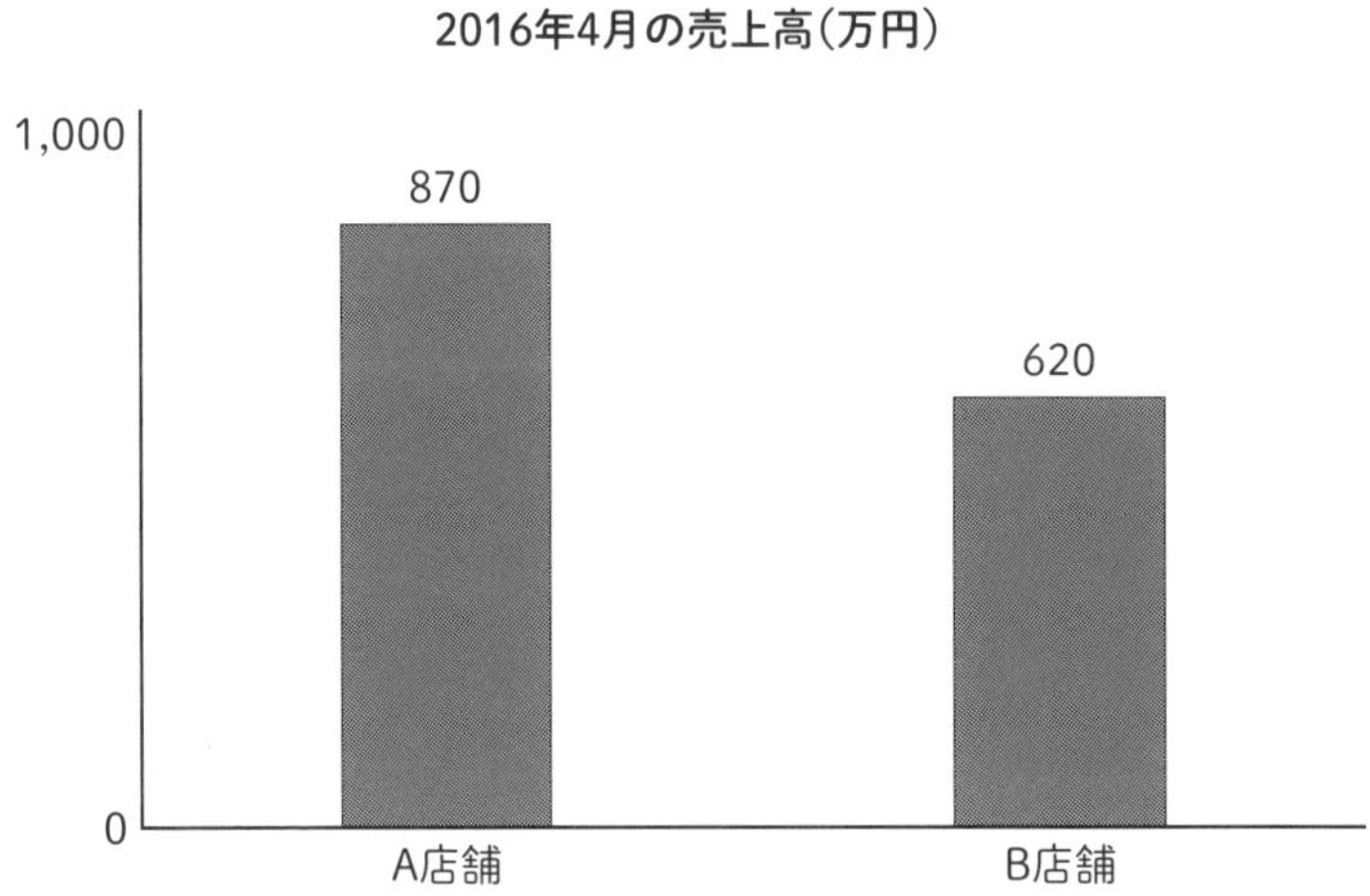

そして、その「比較する」ことにおいて最も重要なツールが数字なのです。

「分析」とは「比較」をすることです。ですから、図18は、分析ではありません。なぜなら、比較がされていないからです。比較がされていない単一の数字は、それ自体何も価値を持ちません。図19のように比較して、はじめて分析の体をなすことになります。

■なぜ「アップル・トゥ・アップル」が重要なのか

図20も分析にはなりません。売上高と来店数では単位が異なり、比較ができないからです。

つまり、**比較するためには、同じ基準の物事を比べなければならない**のです。このことを「〝りんご〟は〝りんご〟と比べなければならない」という意味で**「比較するときは、アップル・トゥ・アップルで」**と言われます。そのため、図21のように、売上高は売上高と、来店数は来店数と、比較する対象をそろえて比較しなければなりません。これが基本中の基本となります。

では、図22を見てください。２０１６年の販売計画を立てるため、全国にある5つの直

図20　「分析」にはならない例

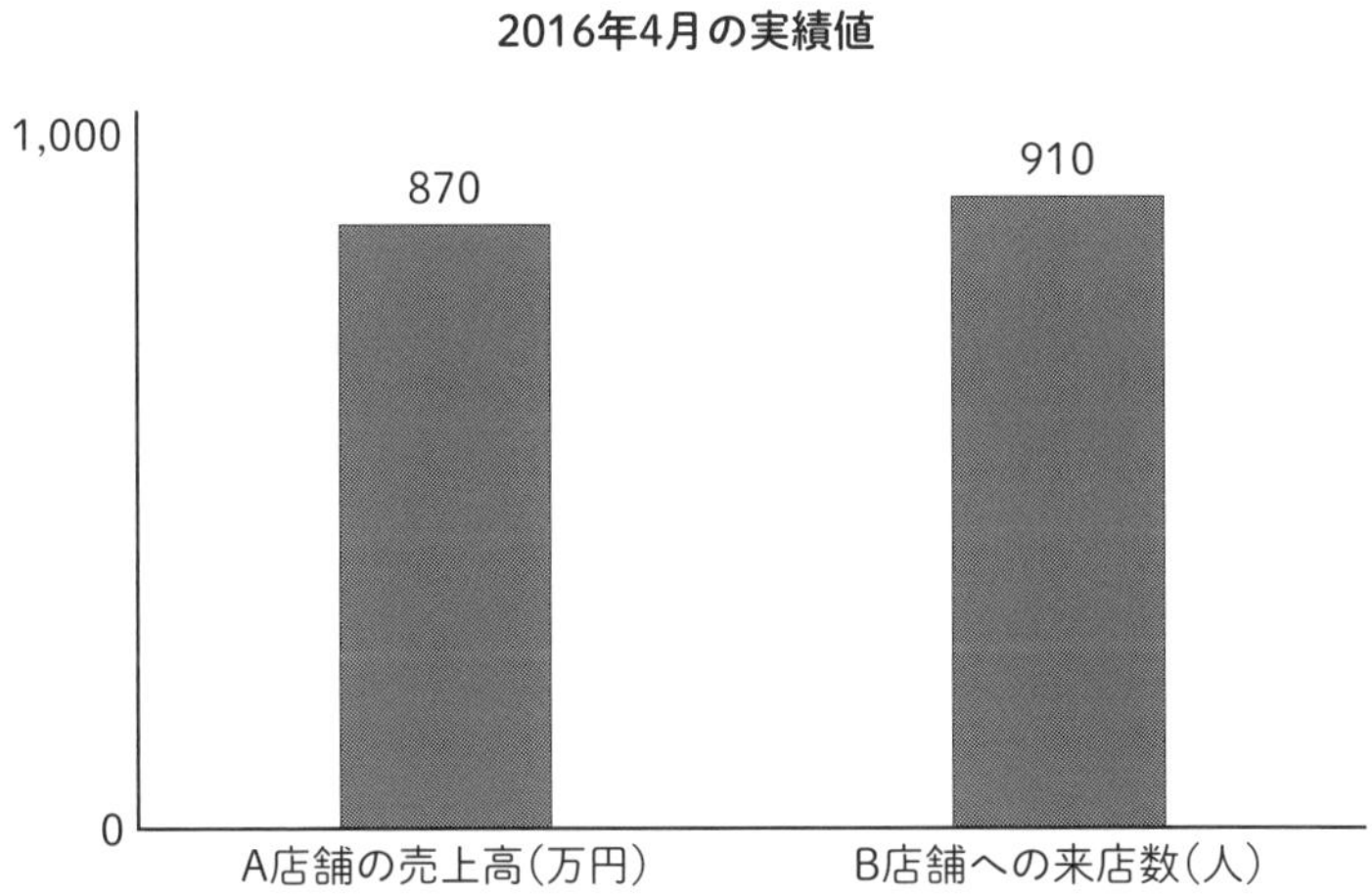

図21　「分析」となる例

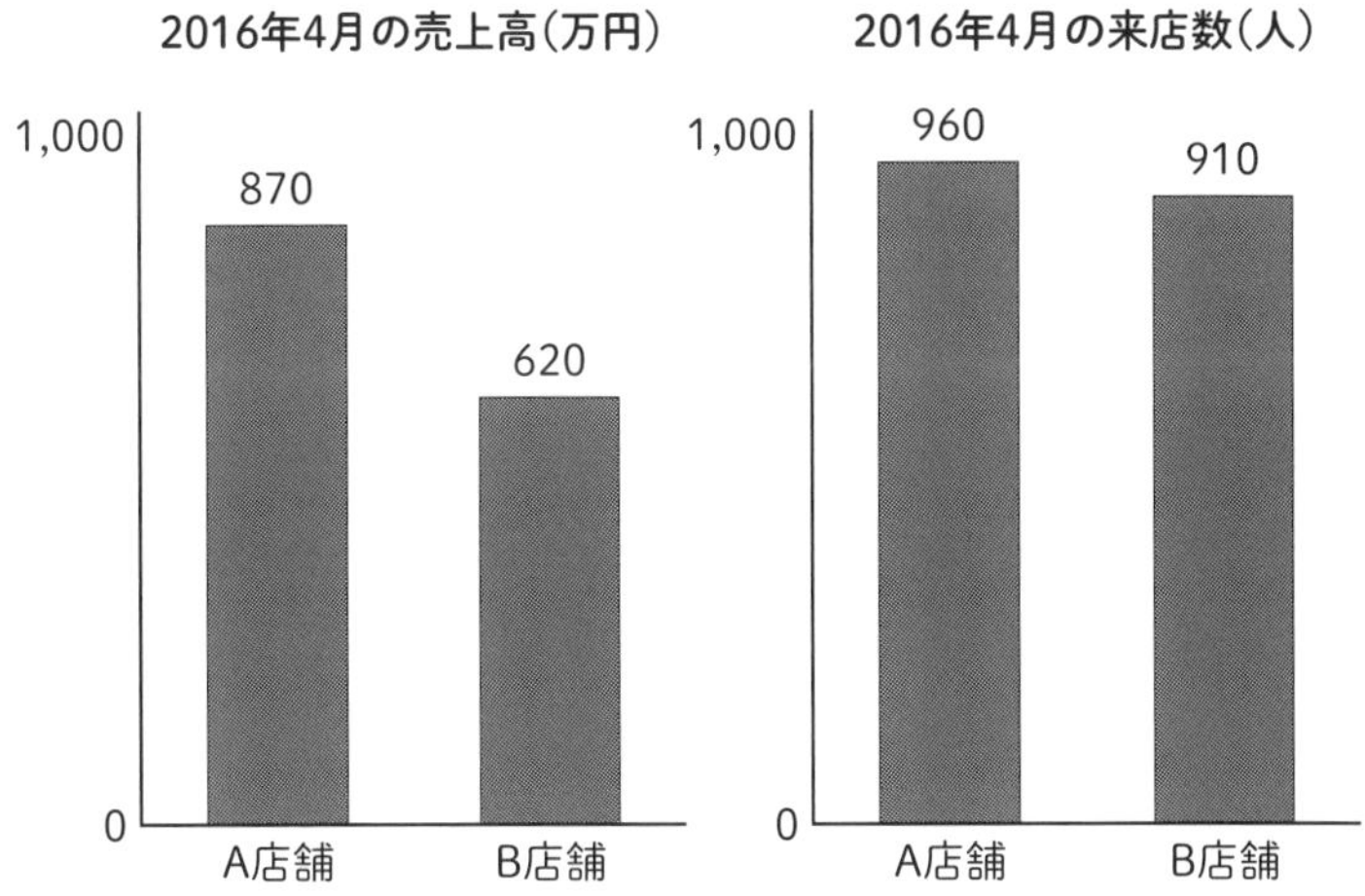

営店の2015年における販売実績を比較しています。店舗ごとの販売高を同じ期間で同じ単位（＝億円）で比較しているので「アップル・トゥ・アップル」と言えそうです。

ただ、以下のようなことが2015年に起こっていたとしたらどうでしょうか。

①札幌店は、7月にオープンした新規店舗である

②東京店は、店舗改装のため4月から6月まで3ヶ月間店を閉めていた

③大阪店は、ライバル店が近くにできたため9月以降、販売高は半減していた

図22　アップル・トゥ・アップルでない例

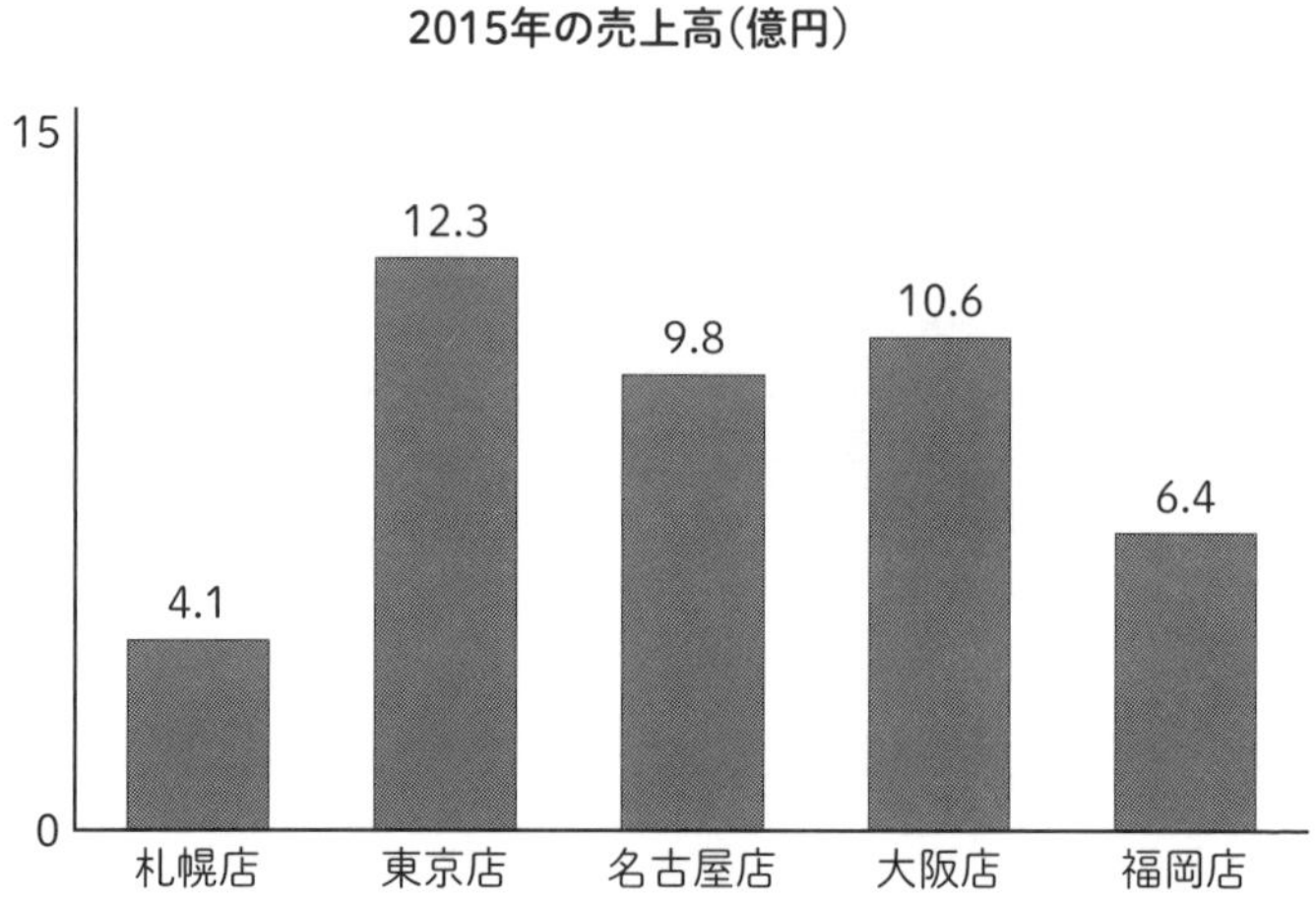

図23　アップル・トゥ・アップルにした比較

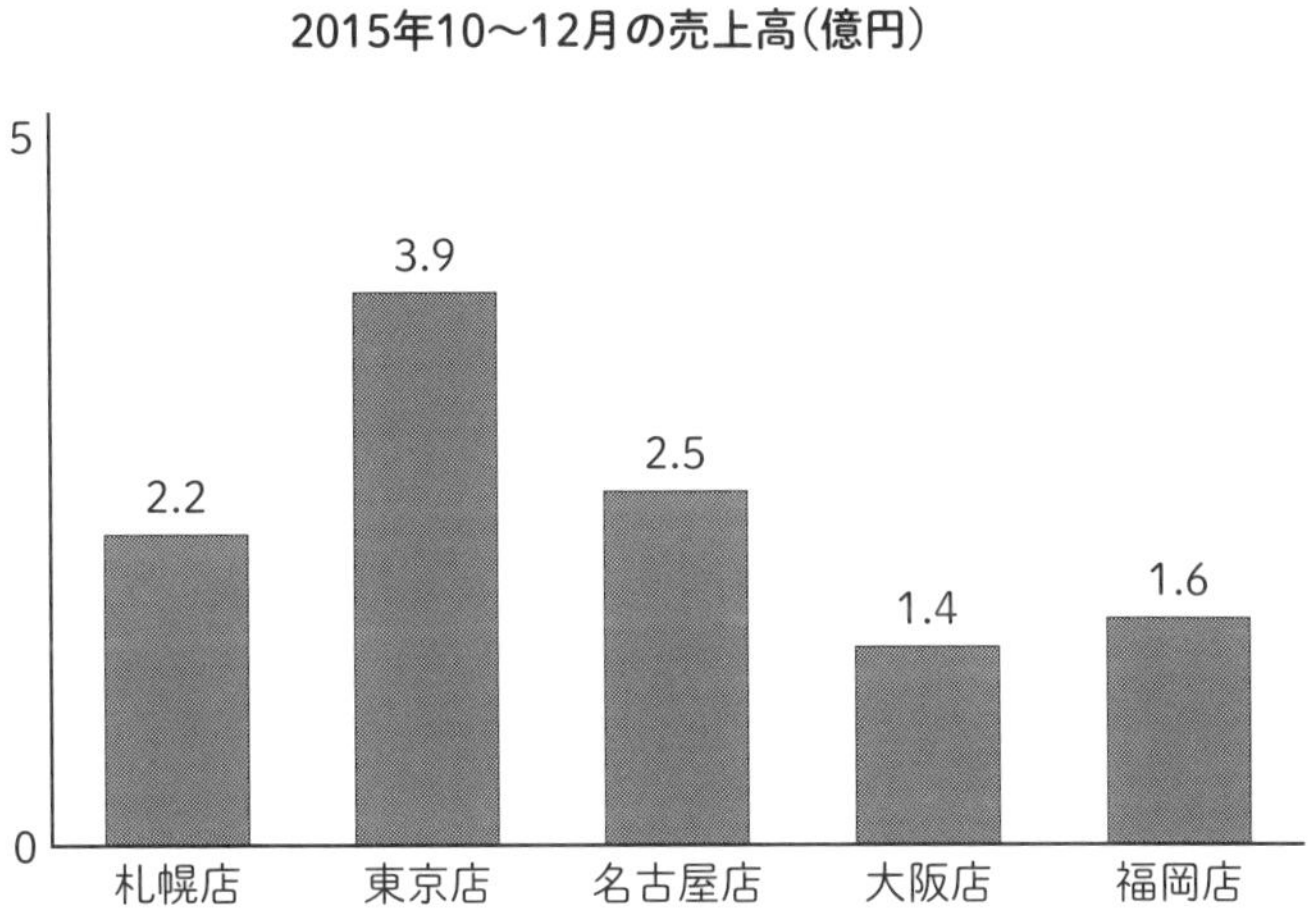

店舗の稼働期間は、札幌店は7月に新規オープンしたので6ヶ月間、東京店は3ヶ月稼働していなかったので9ヶ月間でした。販売計画を立てる目的で1年間の販売高を店舗ごとに比較するためには、販売期間が同じであることが前提です。つまり、その前提条件となる店舗ごとの販売期間がアップル・トゥ・アップルではなかったのです。

また、大阪店においてのみ、ライバル店の影響によって、1～8月と9～12月で販売環境が大きく変わっているため、こちらもアップル・トゥ・アップルの比較にはならない要因となっています。1年間の販売高を店舗ごとに比較していましたが、販売計画を立てるためには図23のように、10～12月の販売高を比較した方が良かったことになります。

項目間で比較する際は、前提条件、つまり数字の背景までアップル・トゥ・アップルにすることが大事です。

前提条件は、最終的にアウトプットされるグラフからはなかなかわかりません。意図的にアップル・トゥ・アップルではない前提条件で比較をし、事実が曲げて伝えられることも少なくありません。数字を作る側だけでなく、見る側の立場になった際も、**「前提条件まで含めてアップル・トゥ・アップルで比較されているかどうか」**ということを意識して**おくことが大事**です。

恣意的な集計になっていませんか？

時系列で見る変化は３つだけ（時系列比較）

■見るべき変化は３つ（「トレンド」「パターン」「変化」）

仕事をする上で、もっとも多く使われている数字の比較方法は、「時系列での比較」です。「日ごとの店舗売上推移」や「月別の営業成績の推移」などの資料を職場で目にすることもあるのではないでしょうか。

なぜもっとも多く使われているかというと、「時系列での比較」が、ビジネスの変化を示すことのできる唯一の比較方法だからです。つまり、**ビジネスにおける今後の予想を行う上で、「時系列での比較」は、なくてはならない方法**です。

「時系列での比較」は、グラフにすると、横軸が「時間」、縦軸が「変化を見たい指標」になります。傾向や規則性を抽出する数学的手法も多く存在します。

ただ、仕事をする上では、「トレンド」「パターン」「変化」の3つのパターン（図24）を意識して数字を見るだけで十分です。その中でも、「トレンド」、つまり、「上がっているの？　下がっているの？　それとも変わらないの？」を判断したいことが多いはずです。

この**「トレンド」は、意思決定の重要な判断材料となる一方、恣意的な集計がされやすい指標**でもあります。そのため、実際に比較する際に注意を払った方がよい3つのポイントを紹介します。

■ 比較する際の注意点①期間の取り方

トレンドを見るときは、まず「いつからいつまでの期間のトレンドを見るのか」を決める必要があります。

その際、この期間の取り方が、安易に扱われることが多いので注意が必要です。適当に、「手元にある数字が過去3年分だけだから3年間で比較」「長い期間で比較した方がいいから、10年分全てで比較」というのではいけません。

期間の取り方が結果に大きく影響するため、その目的などに合わせて決める必要があります。

図24　時系列変化における3つのパターン

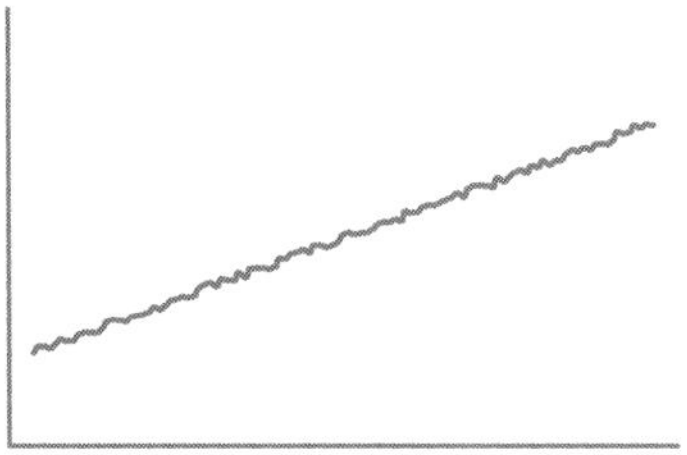

トレンド

増えているか？ 減っているか？ 変わっていないか？

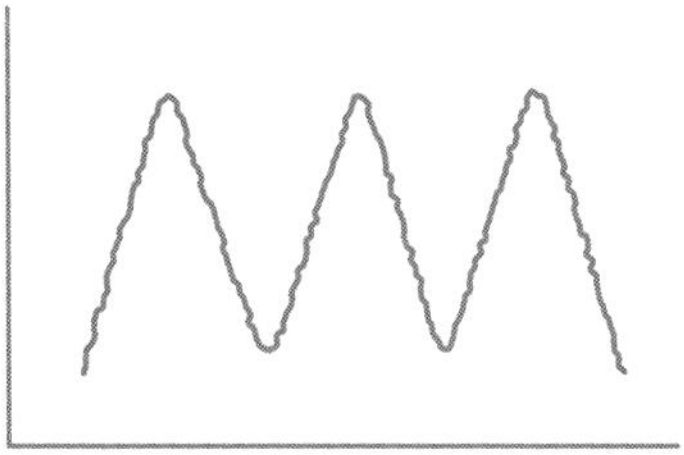

パターン

季節性か？ 1週間ごとの周期か？ 新商品の発売サイクルか？

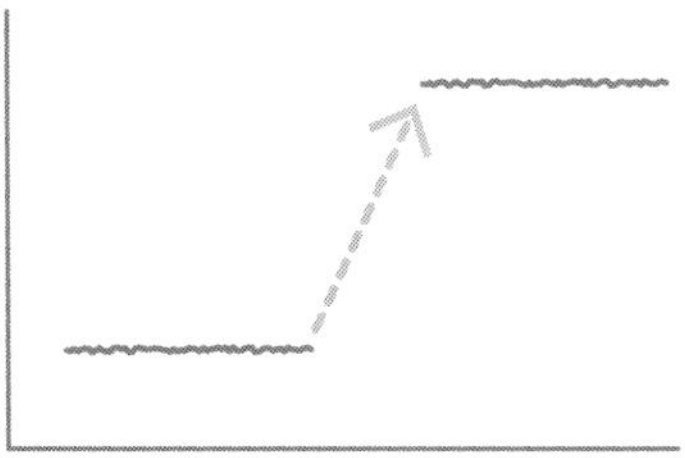

変化

これまでと構造的に何か変わったか？ 閾値《しきい》を超えたからか？

図 25 5年間で比較したグラフ

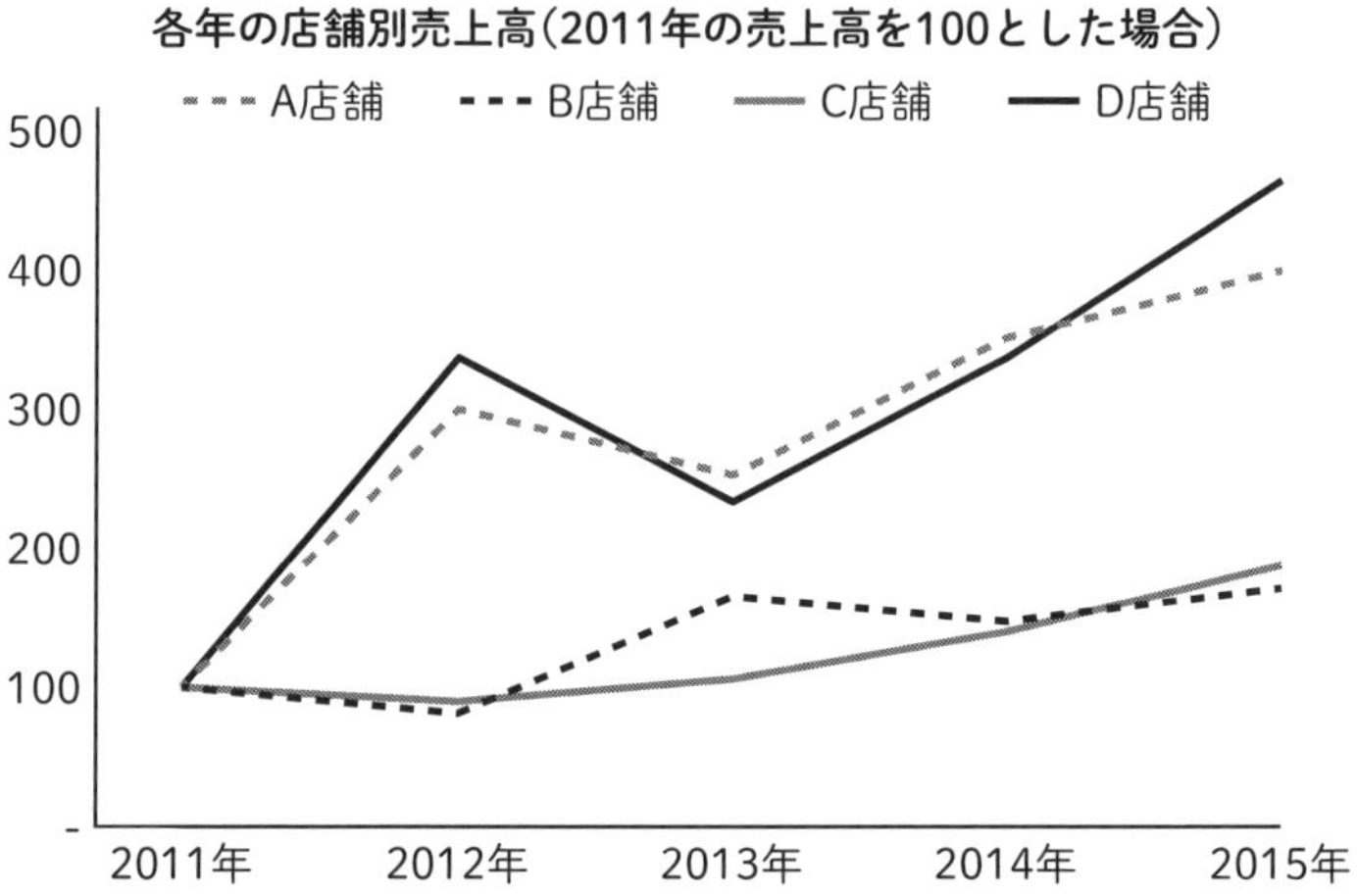

図 26 4年間で比較したグラフ

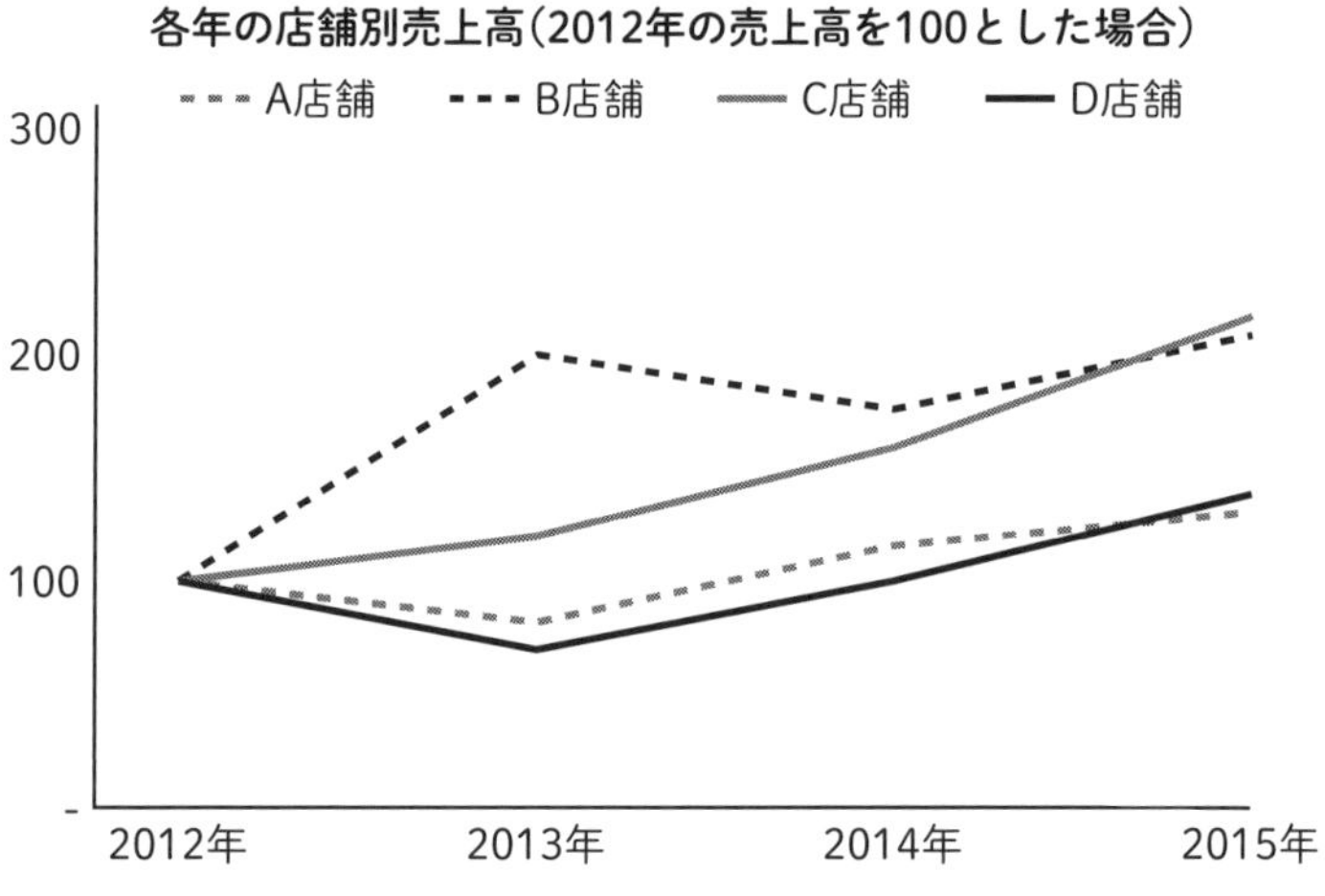

図27　図25・26のグラフのもとになった数字

各店舗の売上高(億円)

	2011年	2012年	2013年	2014年	2015年
A店舗	2	6	5	7	8
B店舗	10	8	16	14	17
C店舗	12	10	12	16	22
D店舗	3	10	7	10	14

たとえば図25を見てください。これを見ると、「A店舗とD店舗は好調だけど、B店舗とC店舗を何とかしないといけないなあ」と思うのではないでしょうか。

では、図26を見てください。こちらを見ると、逆に、「A店舗とD店舗が伸び悩んでいるようだ」と考えるのではないでしょうか。実はどちらも、同じ図27の数字を使って作成したグラフになります。

同じ数字であっても、期間の取り方によって異なった解釈をしてしまうことになります。

時系列での比較を行う際、まずは、期間の取り方を意識することが大事になってきます。「基準となる年を100とした計算をしているから錯覚的にそう見えているのでは?」と思われる方もいるかもしれませんが、そうではありません。縦軸を売上高としたグラフを作成しても本質的には同じことです。

「各社の製品サイクルが3年なので3年間で比較」「10年前に規制が変わって、それ以来、各社戦略を変えていないので10年間で比較」というように、なぜ3年なのか、なぜ10年なのかを意識していなければなりません。少なくとも、「なぜ3年で比較しているの?」と聞かれて答えに窮することのないようにする必要があります。

■比較する際の注意点②パターンは取り除く

パターンのある数字からトレンドを見たい場合、パターンは雑音(余計な情報)になるため取り除きます。雑音が入ったままの数字では、トレンドがどうなっているのかわからないからです。

人の生活にはパターンがあります。一日の生活サイクルに加えて、一週間であれば、平日と週末で行動パターンが異なります。季節ごとでも活動内容は異なるはずです。ですから、最終消費者の生活パターンによって、ビジネスにおける数値にもパターンが出るのです。

たとえば、日中よりも深夜の方がネットサービスの利用は増えますし、観光関連であれば平日よりも週末の売上高が大きくなり、ビールやアイスクリームは夏に売れ、冬は売れない一年のサイクルがあります。

そのため、店舗の日次販売データには図28のようなグラフが多く見られます。店舗における販売高だと、週末に販売数が多くなる一週間サイクルの数値になるのが一般的です。

しかし、トレンドを把握しようと思っても、図28からはなかなか読み取れません。「増えているのか減っているのか」なかなかわからないのではないでしょうか。それは、パターンの雑音が多すぎるからです。

ですから、パターンのある数字は、**パターンを見たいのかトレンドを見たいのかを意識する**必要があります。そして、**トレンドを見たい場合はパターンを取り除き、数字を比較**しましょう。

この図28の場合は、図29のように**「その日と直前6日間の平均値（＝常に、週末2日間**

図 28 日ごとの数字グラフ

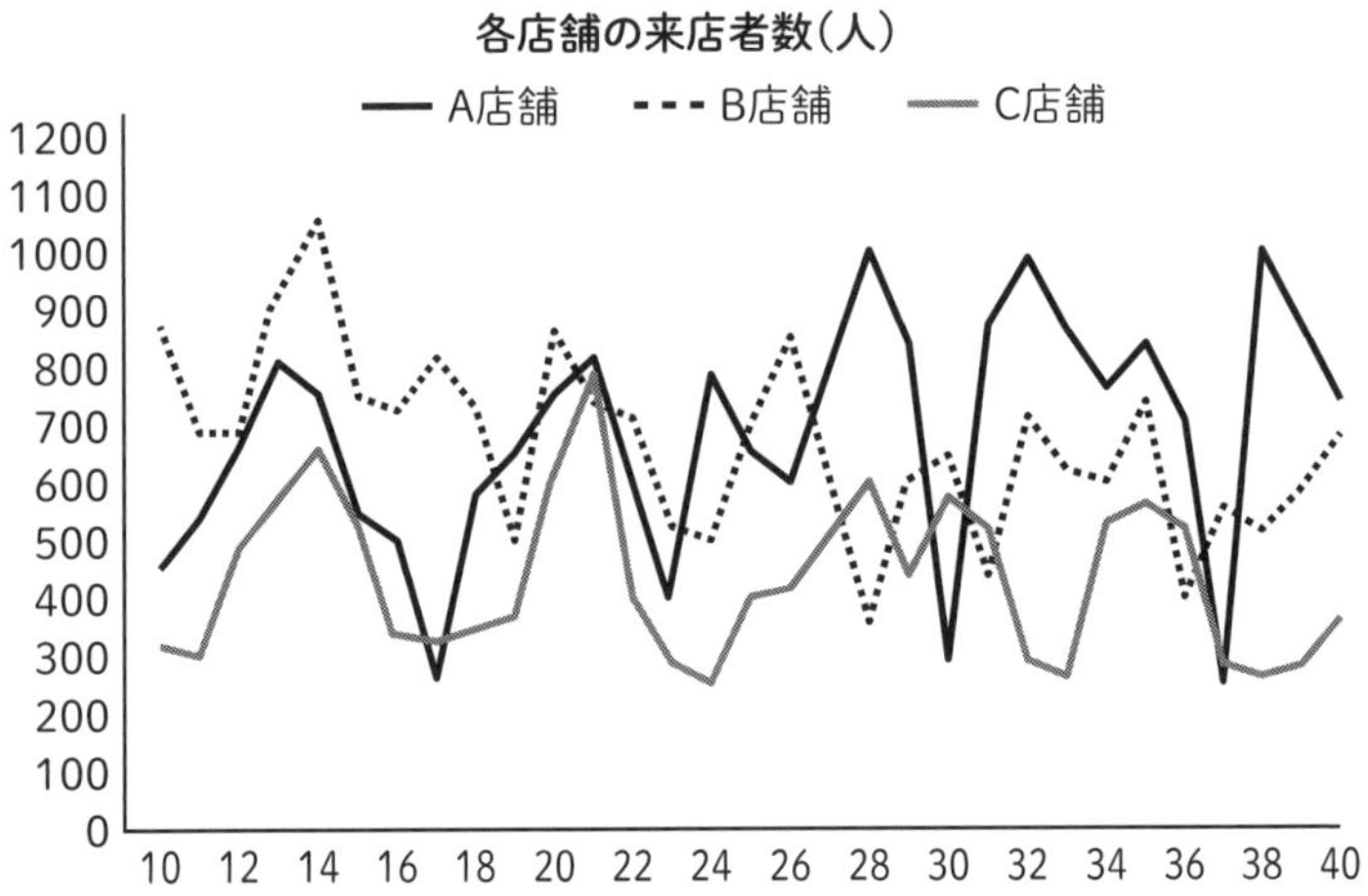

図 29 7日間の移動平均で作成したグラフ

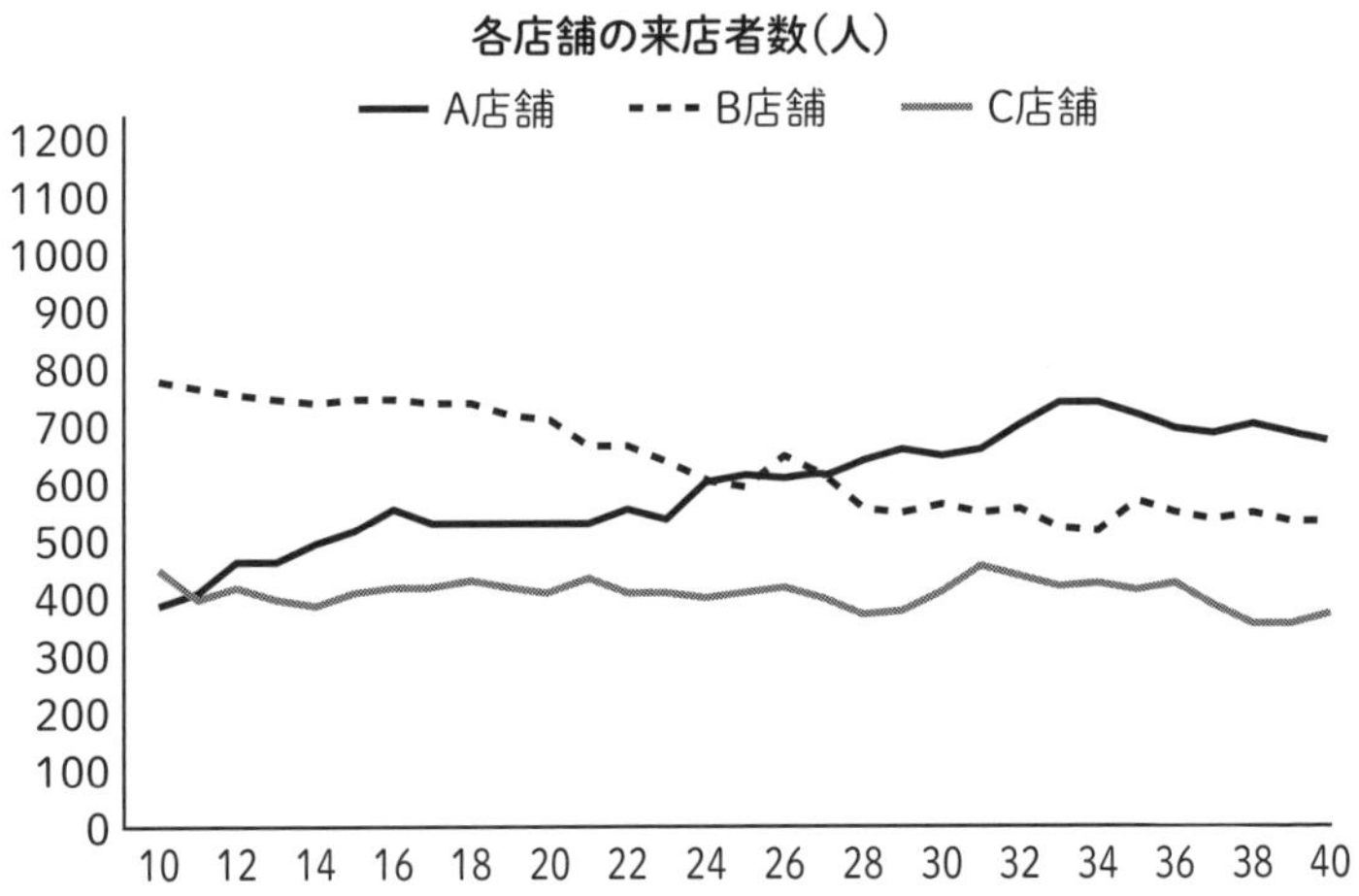

を含む7日間の平均値）」を比較することで、パターンの雑音を取り除くことができます。
これにより、はじめてトレンドを比較することができ、判断を下すことができるようになるのです。

■比較する際の注意点③変わった動きの数字を見逃さない

これまでと数字の動きが大きく変わった場合、構造的な「変化」を考えないといけません。

なぜなら、あらかじめ想定していなかった構造的な変化を見つけた場合、必要に応じて「問題設定」や「答えの想定」のステップに立ち戻り、軌道修正を行う必要も出てくるからです。


たとえば、図30の上図ように、乱暴にトレンドを判断すると、重要な判断ミスをしてしまう可能性があります。なぜなら、ここには1つのトレンドではなく、2つのトレンドが非連続な変化でつながっているからです。

このような変化は、たとえば、「部品の調達先を変更したことにより定常的に部品の在

図30　構造的な「変化」がある場合

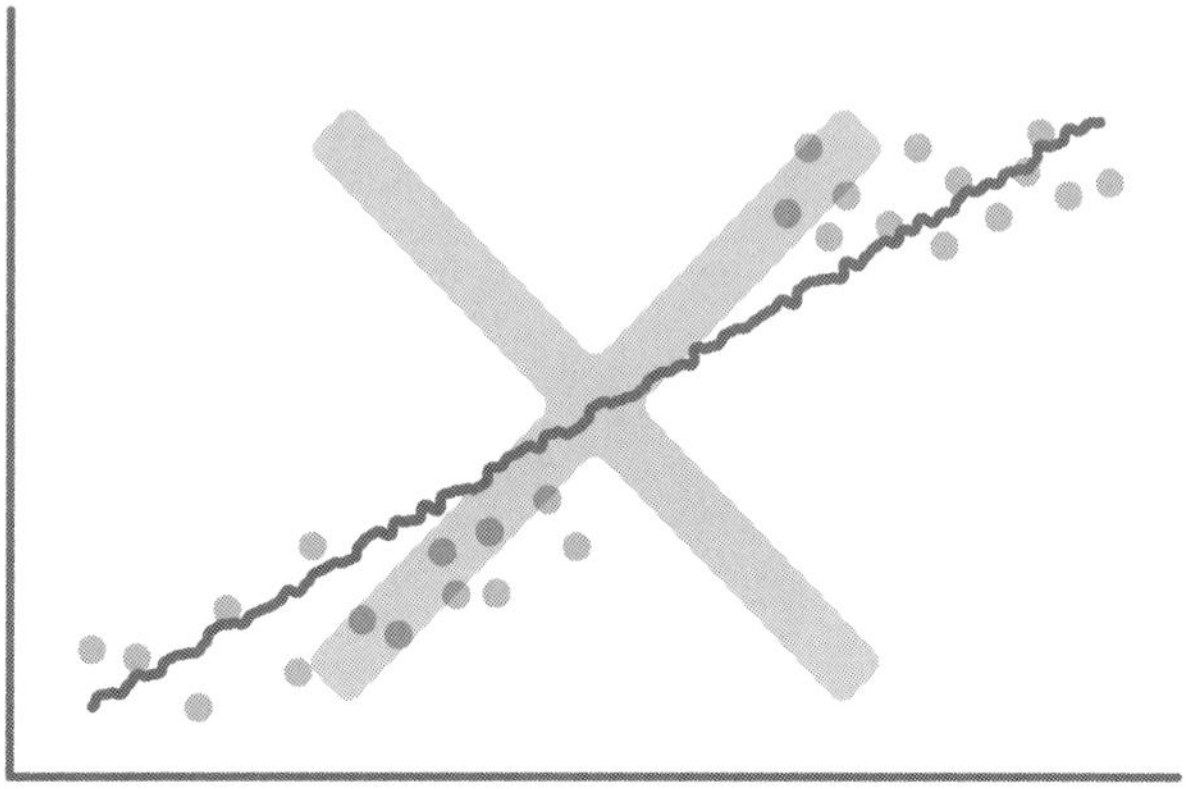

1つのトレンドで処理

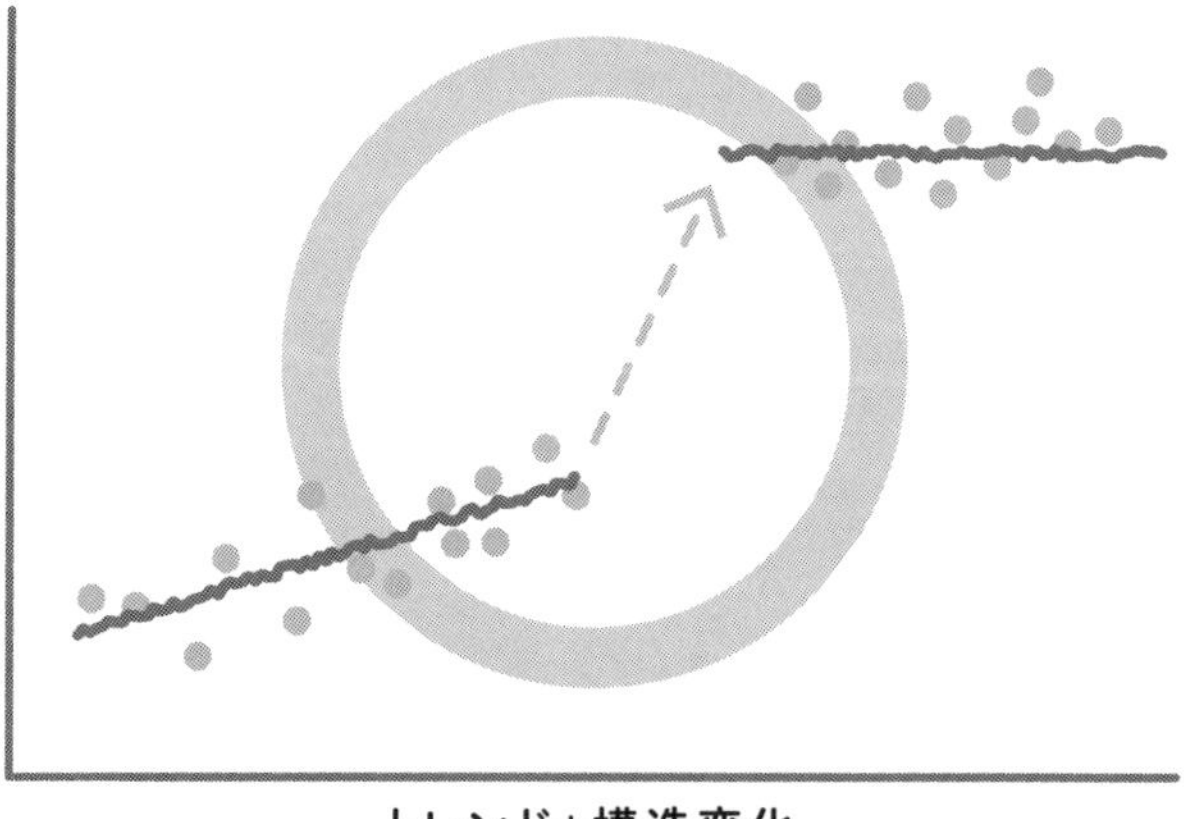

トレンド+構造変化

庫切れが発生するようになった」「競合から安価な代替品が出たので、販売価格を一定価格以上にした場合、販売数が大きく落ち込むようになった」など、ビジネス構造や環境が変わった際に出てきます。多くの場合、**構造的な変化には重要な示唆が含まれています。**

数字は、サンプルを抜き出したり、平均値や成長率などの計算式で計算されたりする度に、もともと持っていた数字の特徴が失われていきます。また、トレンドやパターンばかりに目がいくと、構造的な変化を見落としてしまうこともあります。

そのため、数字を加工していく前には、必ずデータ全体をグラフなどで眺めてみて、構造的な変化を見逃さないようにすることが重要です。

リンゴとミカンを比べるときは比率を見る（構成比較）

比率を見るときは何を意識する必要があるのでしょうか？

■異なるものを比べるときは「率」を使う

「比較するときは、アップル・トゥ・アップルで」というのが原理原則であることはお伝えしたと思います。

図31は、人数と売上高を比べており、アップル・トゥ・アップルにはならないので比較はできません。**比較するためには、単位をそろえなければなりません。**

その1つの方法として、図32のように**「%」に変換して構成比を比較する**ことができます。

このように、異なる物を比較する場合は、比率で比較することとなります。「比率」は割り算で計算される数字であり、分母と分子の選び方で様々な比率があります（図32のよ

図31　単位が異なるので比較できない例

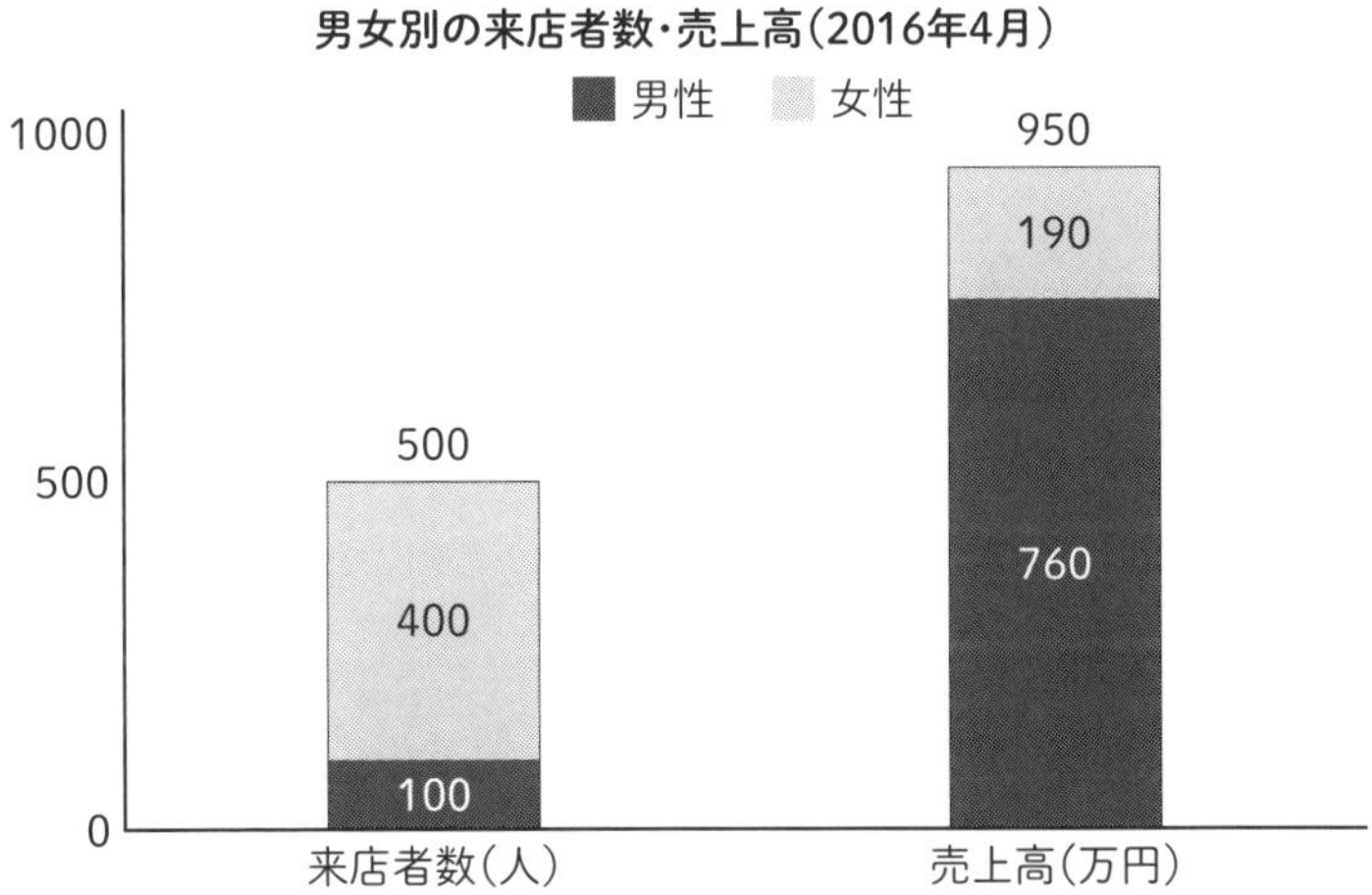

図32　比率になおして比較した例

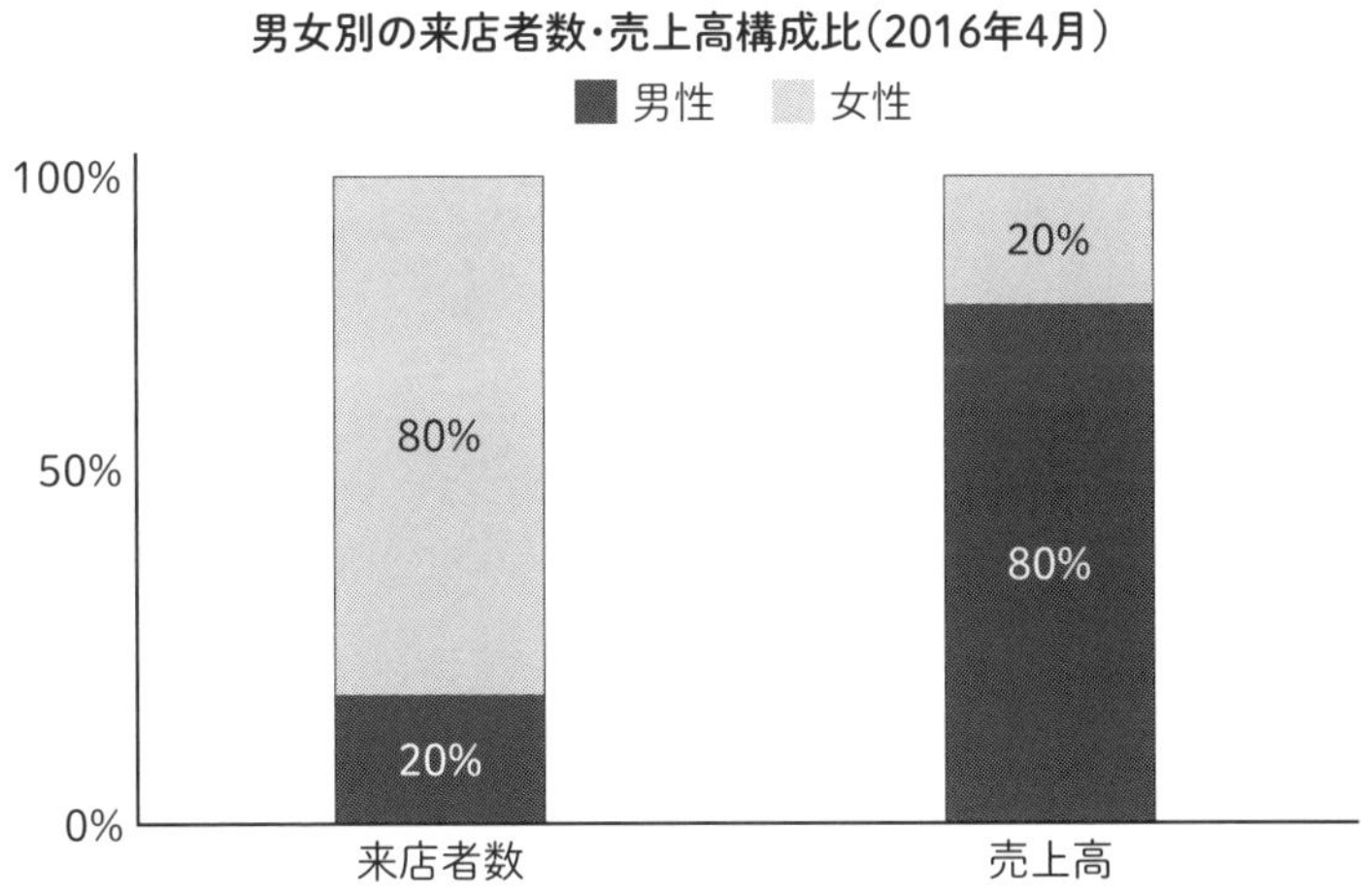

うな構成比や時系列変化の変化率、〝1人あたり売上高〟のような対立比、出生率のような発生比率、など）。

様々な比較を行うことができるため、「比率」は便利でよく使われる比較方法になります。

ただ、「割り算で計算される数字」という性質上、意識しておかなければならない点があります。それは、**「全体額が見えなくなる」**という点です。

■全体額が見えなくなる点に注意

比率を使う際は、まず「全体額が見えなくなる」点を意識する必要があります。

そのため、**分母（構成比の場合は全体額）がほぼ変わらない、もしくは、変わることにあまり意味がない（アンケートのサンプル数の違いなど）、という場合でなければいけません。**

もし、全体額の変化が意味を持つ場合、構成比で比較すると誤った解釈にもつながりかねません。

たとえば、図33は、売上全体に占める各店舗の売上比率です。

これだけを見せられた人は、構成比のグラフだとわかっていても、「A店舗は、2015年は不調だったけど、2016年は大きく売上を伸ばしたな」という印象を持つのではないでしょうか。実際には、図34の数字がもとになっており、A店舗の売上は、2015年が倍増、2016年が横ばいとなっています。

構成比というのは、全体が各項目にどれだけ依存しているか（もしくは貢献しているか）を示す数字になります。全体額を100％と固定して比率を計算しているため、全体額の変化はわかりません。

先ほどの、各店舗の売上のケースでは、年ごとの売上全体に変化があり、その変化自体が意味を持つことから、構成比で比較することがあまり適していなかったことになります。

比率はあくまで、分母に対する分子の大きさを比較する方法になります。そのため、分母（＝全体額）の大きさが見えなくなる点を意識しておく必要があるのです。

図 33　誤解をまねきやすい比率グラフ

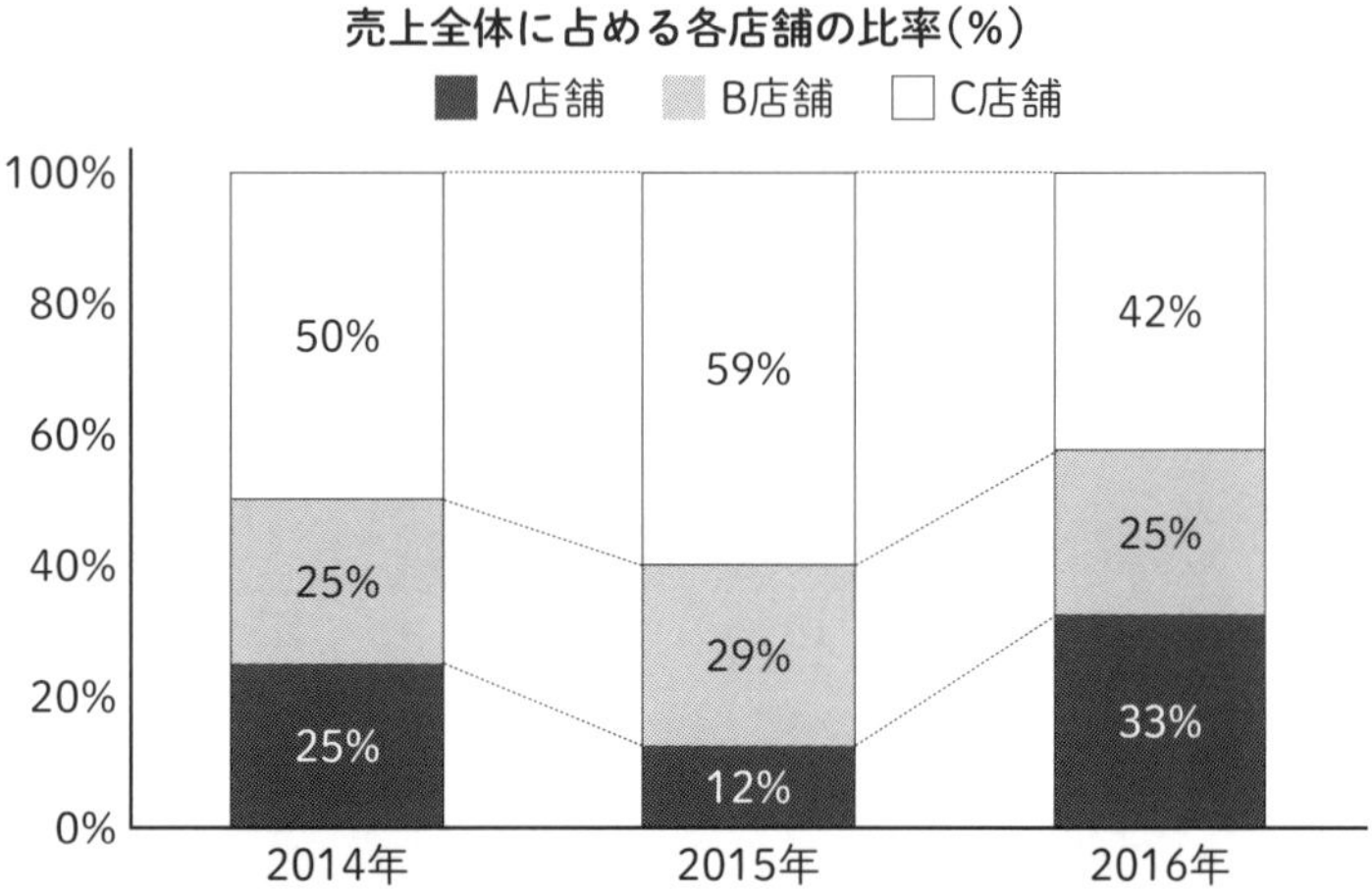

図 34　図 33 のグラフのもととなった数字

店舗別の販売額(億円)

	2014年	2015年	2016年
A店舗	10	20	20
B店舗	10	50	15
C店舗	20	100	25
合計	40	170	60

相関関係は目で見て考える（相関）

「相関」と「因果」の違いを説明できますか？

■相関関係とは将来を予測するためのもの

相関関係とは「1つの物事の変化が、他の物事の変化と連動している関係」を言います。

たとえば、「年齢と収入（年齢が上がるほど収入も上がる）」「価格と販売数（価格が上がるほど販売数は減る）」などが相関関係にある例になります。

ビジネスにおいては、この相関関係を把握することによって、将来を予測します。

たとえば、電力会社は、気温が1度上がることでどれだけ電力需要量が増えるかという気温感応度を予測し、発電量をコントロールしています。

また、金融機関は、為替や株価の変動があった場合でも、会社全体のリスクをコントロールできるように、金融商品間の相関を計算しています。ある物事の将来予測を行うためには、少なくとも1つ以上の物事との相関関係を見つけ出すことが必要になります。

■縦軸と横軸がうっかり同じにならないように

相関関係の比較をするためには、まず、**比べる2つの物が別々のものでなければいけません。**つまり、縦軸と横軸のどちらかがどちらかの一部にならないように注意する必要があります。

たとえば、図35はインターネット販売サイトにおける、販売高と会員数の相関関係を調べたグラフになっています。これを見ると、「販売高と会員数は連動している」という解釈になります。

ただ、そもそも「販売高＝会員数×会員1人あたりの購入額」なので、会員数は販売高の一部に含まれており、比較としてはあまり価値がありません。会員数が増えれば、販売高が増えるのは当たり前だからです。

にわとりと卵の関係にあるものも同じです。

図35　縦軸と横軸が似てしまっている例

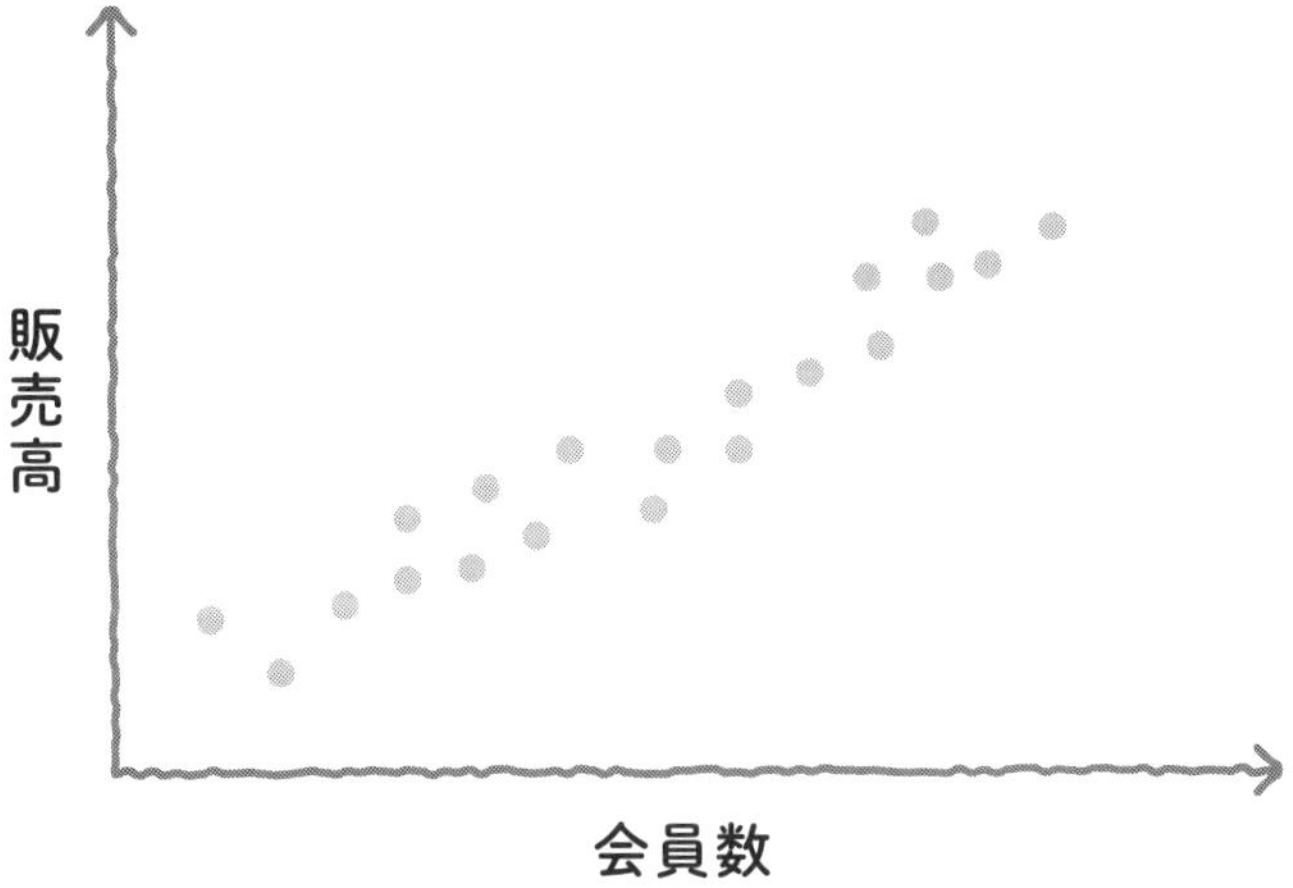

売上高と従業員数を比べて、「売上高と従業員数には相関関係があることがわかりました！」と報告することにあまり価値はありません。

なぜなら、売上高が増えると、新たに従業員を採用し、その採用された従業員が新たな売上高を生み出すという、にわとりと卵の関係になっているからです。

このようにX軸とY軸が同じものになる分析は、価値がありません。相関を調べるときは、比べる2つの物事が別々のものになるように注意する必要があります。

■目で見てから関係を判断する

2つの物事の関係性を見る際は、まずは目で見て、関連があるかないかを判断することが大事です。目で確認することなく数字の計算を始めないようにしなければいけません。

相関の度合いを示す指標として、「相関係数」というものがあります。**相関係数は、「2つの物事に、どれだけ関係性があるか」**という指標です。

図36のように、縦軸と横軸の値の間にほとんど関係性がない場合は0になり、1に近づくにつれて関係性が強くなっていきます。エクセルでも簡単に計算できるので、資料で目にすることも多くなりました。ただ、すぐに相関係数を計算して、「ああ、これは相関しているから関係性は大きくて重要だな。これは相関してないから関係性はないな」と短絡的に判断するのは避けなければいけません。理由は2つあります。

1つ目は、**相関係数は、「直線的な関係性」を前提としている点**にあります。そのため、関係性があっても、直線でない関係性の場合、相関係数は低くなってしまいます。

たとえば、図37は、血圧値と死亡率の関係を示したグラフになります。こちら、相関係

図36　相関係数とは

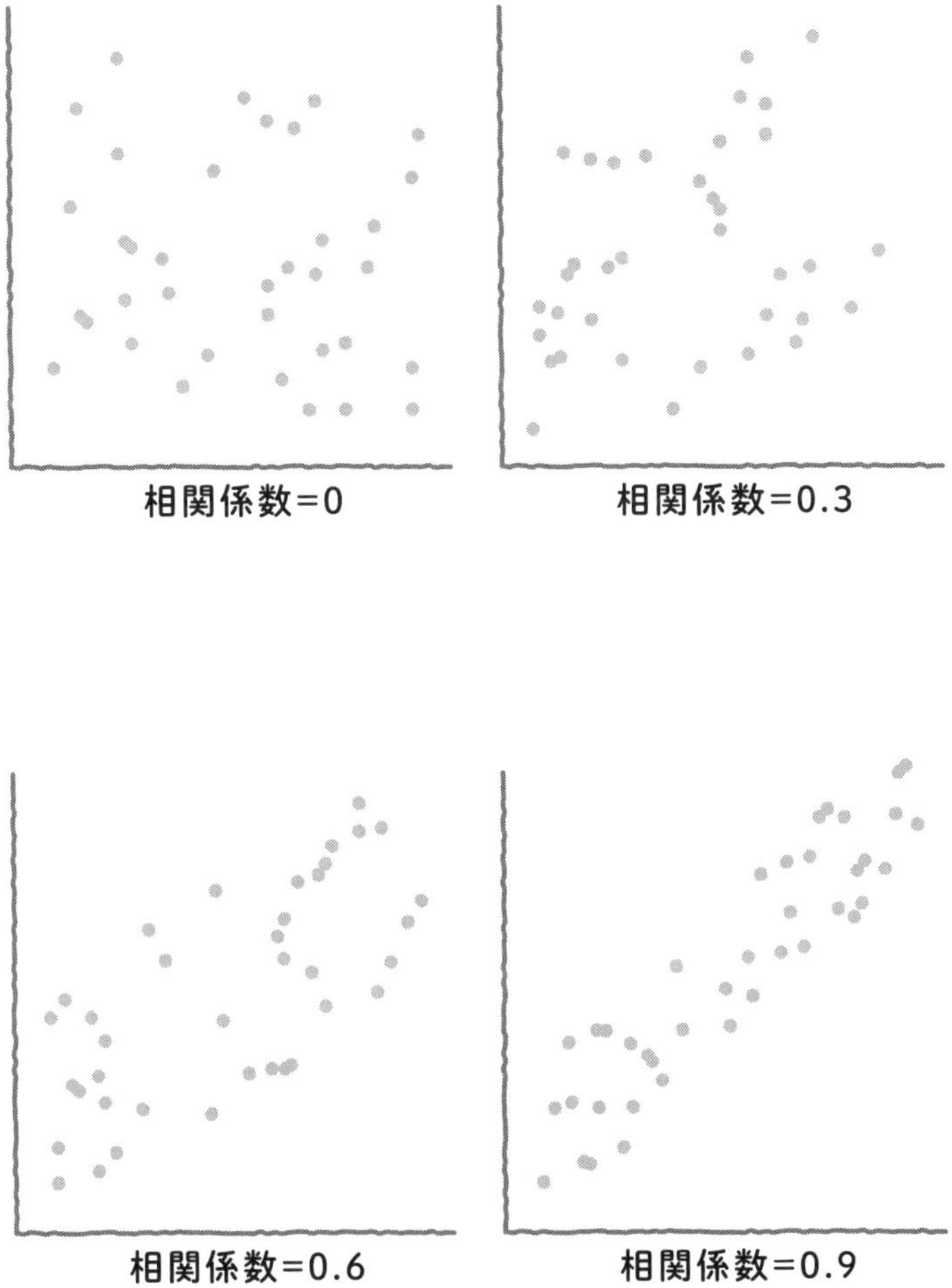
相関係数=0
相関係数=0.3
相関係数=0.6
相関係数=0.9

数はほぼゼロです。つまり、血圧値と死亡率はほぼ相関ないということとなります。なぜなら、血圧値と死亡率は直線的な比例の関係性がないからです。

では、「血圧値と死亡率は、まったくお互いに影響のない別事象」と判断してしまってもいいのでしょうか。そうではありません。「適正な血圧値より大きすぎても小さすぎても死亡率が高まる関係性」があります。

2つ目は、**相関係数は、「直線的な関係があるか、ないか」の尺度にすぎない点**です。図38は、「工場への投資額」と「売上高の増加」の関係を示したグラフになります。いくら工場に投資を行っても、なかなか売上高が上がらないことがグラフを見てわかると思います。ただ、相関係数を計算してみると1に近い数値になり、「工場への投資額と売上高は相関している」ということになります。なぜなら、「工場への投資額」と「売上高の増加」には直線的な関係性があるからです。

注意したいのは、相関係数が高いからといって「売上高を伸ばすためには、工場への投資を増やせばいい」という誤った判断をしないようにしなければいけません。

相関係数は、直線的な関係があるかないかを測る尺度にすぎません。

図 37　血圧値と死亡率の関係を示したグラフ

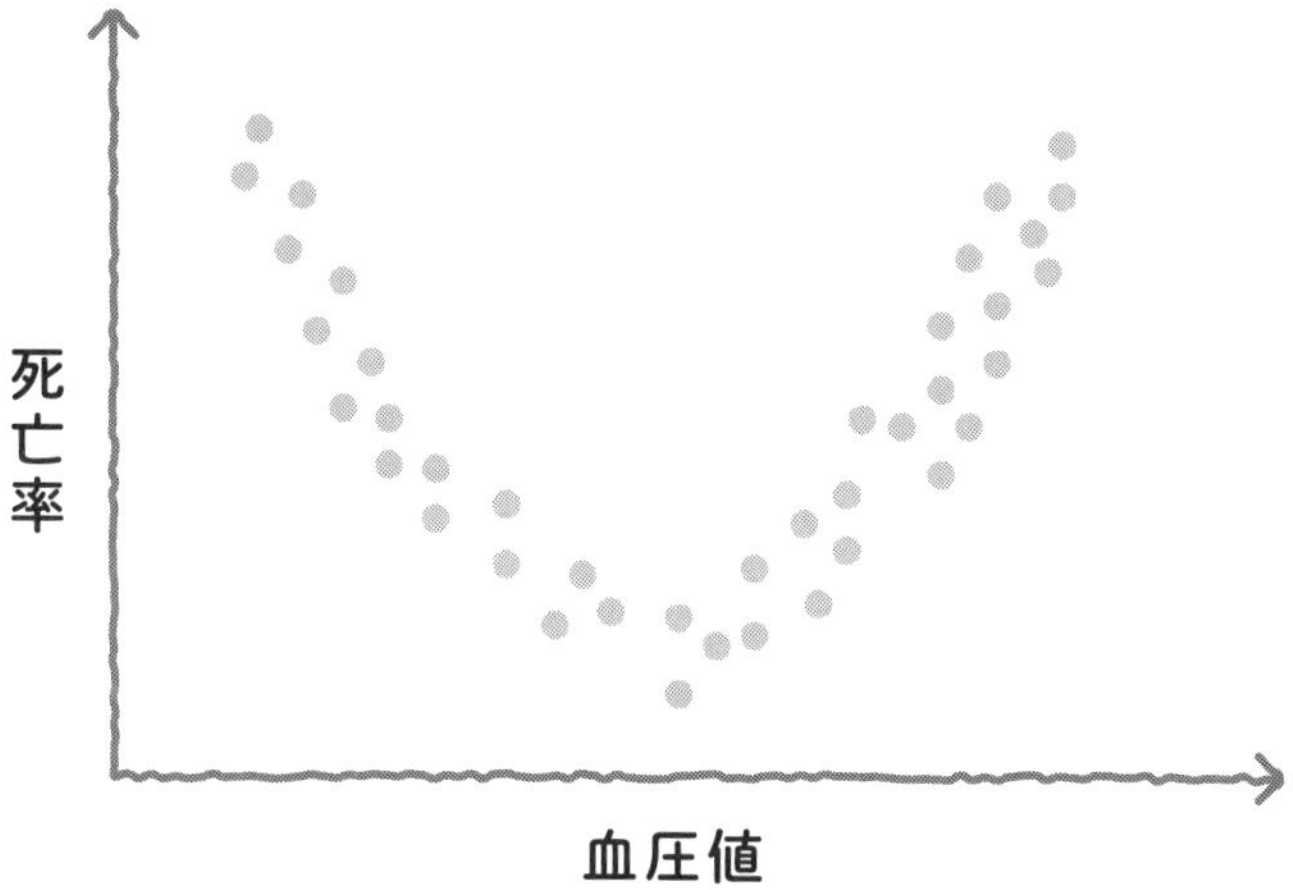

図 38　投資額と売上高の増加を示したグラフ

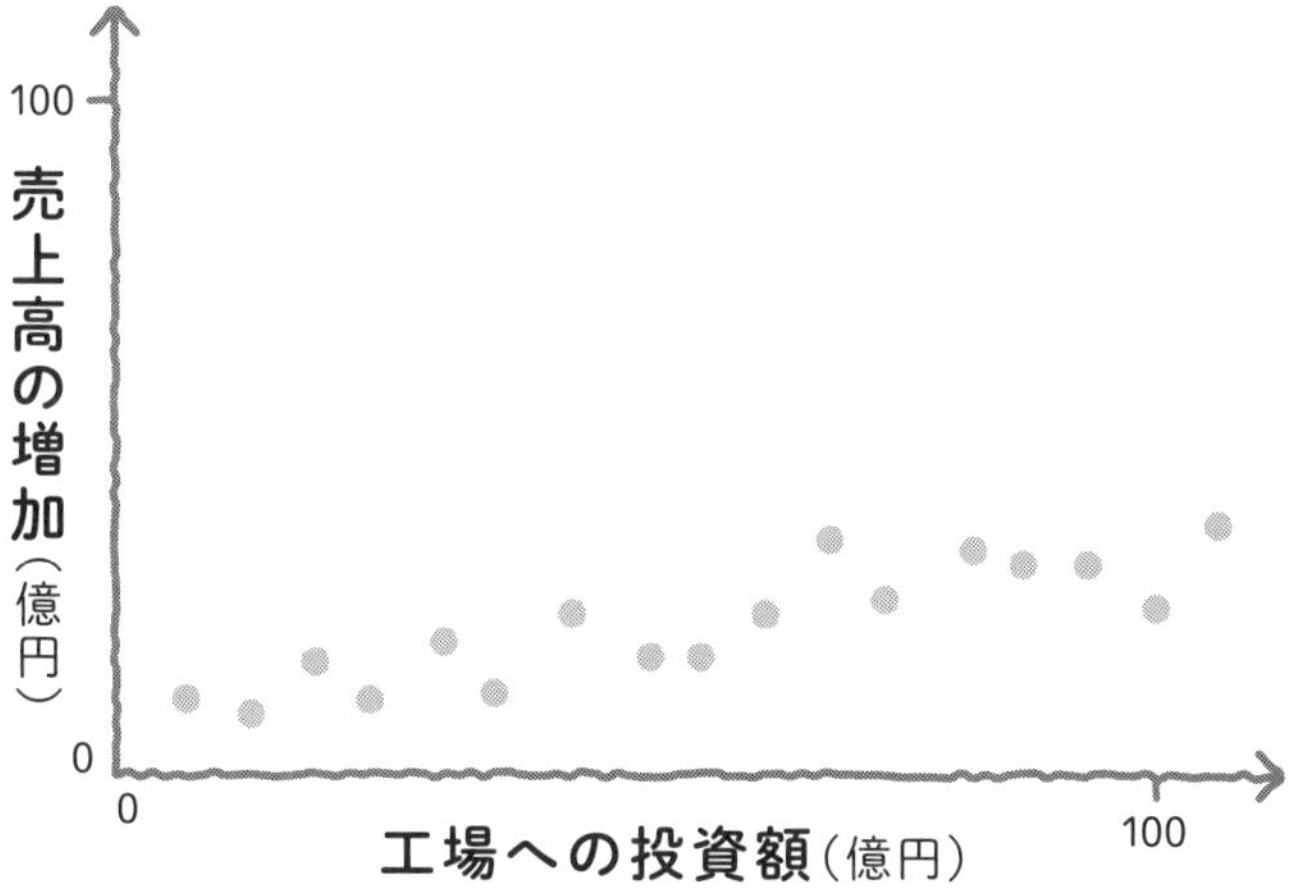

そのため、**関係性を評価したい場合は、まず目で見て判断することが重要**であると意識しておく必要があります。

■相関関係と因果関係は別物

また、「相関関係」と「因果関係（原因と結果の関係）」はつい勘違いしてしまいやすいので注意が必要です。

たとえば、ある小学校における1年生から6年生までの全校生徒の「50メートル走のタイム」と「知っている漢字の数」の相関を調べたとします。すると、かなり高い相関が見られることになると思います。つまり、「50メートル走のタイムがいいほど、知っている漢字の数は多い」という結果になります。

では、漢字が得意になるために、50メートル走を頑張って練習すればよいのでしょうか？　当然、そうではありません。図39にあるように、「年齢」と「50メートル走のタイム」、「年齢」と「知っている漢字の数」がそれぞれ因果関係になっています。結果、同じ原因（＝年齢）の結果である、「50メートル走のタイム」と「知っている漢字の数」が相

図39　相関関係と因果関係の違い①

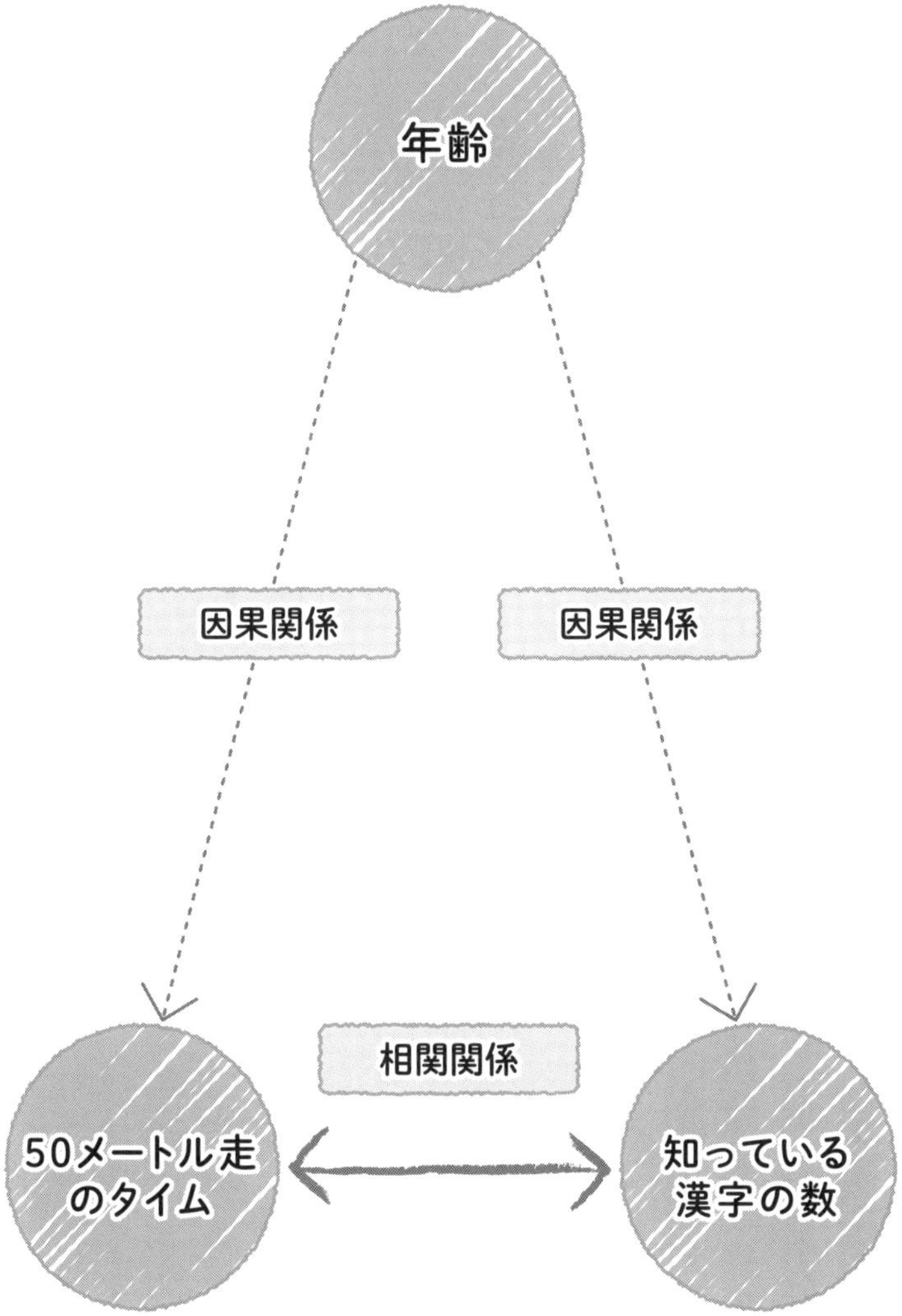

関していたことになります。

ただし、「50メートル走のタイム」と「知っている漢字の数」の間に因果関係はありません。

この**「相関関係」と「因果関係」を誤って解釈してしまうと、ビジネスにおいて誤った判断をしてしまうことにつながります。**


たとえば、ある月会費のフィットネスクラブでは、毎月の退会率をなんとか下げようと、会員宛てにメールを頻繁に送っていました。

ある時、メールの効果を検証するため、メールの開封率と退会率の相関を調べたところ、高い相関関係が見られました。つまり、メールの開封率が高い程、解約率が低い結果ということになります。そこで、担当者は、短絡的に「メールさえ開封してもらえれば、退会を抑止することができる。なんとかメールを開封してもらえるように工夫をしよう！」と施策を考え始めました。


このようなケースに似た場面をよく目にします。このような場合、実際は図40のような状況で、「メールの開封率」と「退会率」には、**相関関係はあっても因果関係はないケー**

図 40　相関関係と因果関係の違い②

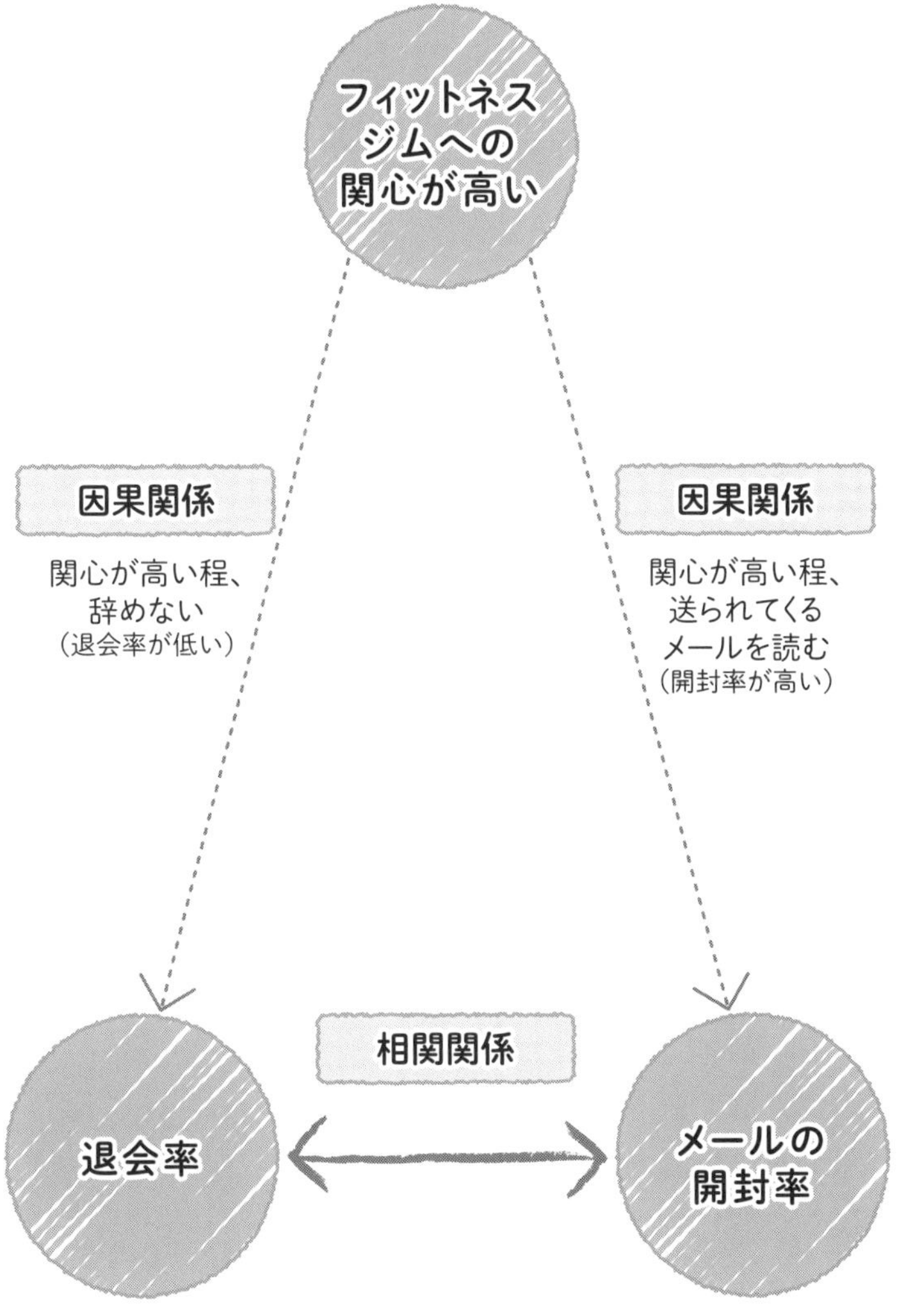

スが多いので注意が必要です。

因果関係には向きがあり、この場合ですと、いくらメールの開封率を上げたところで、退会率にはまったく影響を及ぼさないこととなります。

「相関関係」と「因果関係」の違いは意識しておく必要があります。

「バラツキ」から特性を見い出す（分散）

なぜバラツキを把握する必要があるのか説明できますか？

■「バラツキ」は必ず把握しておく

数字の集まりにはバラツキがあります。

バラツキというのは、数字などの値がどれだけそろっていないかの程度です。数字を集計する際には、全体の合計や平均値だけではなく、「どのようなバラツキ」かについても把握しておく必要があります。

たとえば、図41の地区Aと地区Bは、世帯数は10万世帯で、世帯あたり所得の平均値は500万円とどちらも同じになります。ただ、地区Aと地区Bではバラツキが異なっています。

「地区Aの方が世帯あたり所得のバラツキが大きい地区」になります。そのため、地区A

図 41 「世帯あたり所得」のバラツキ

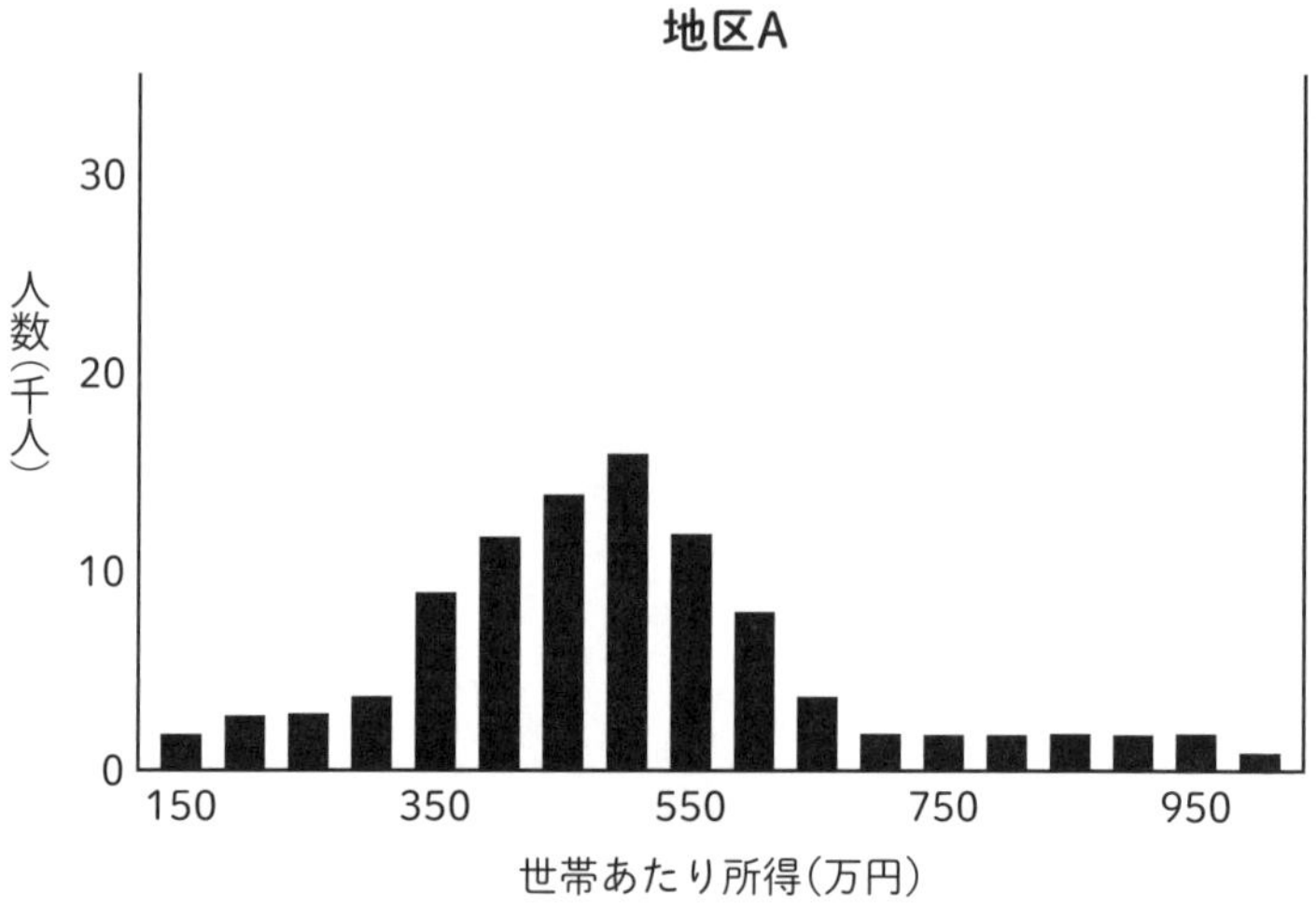

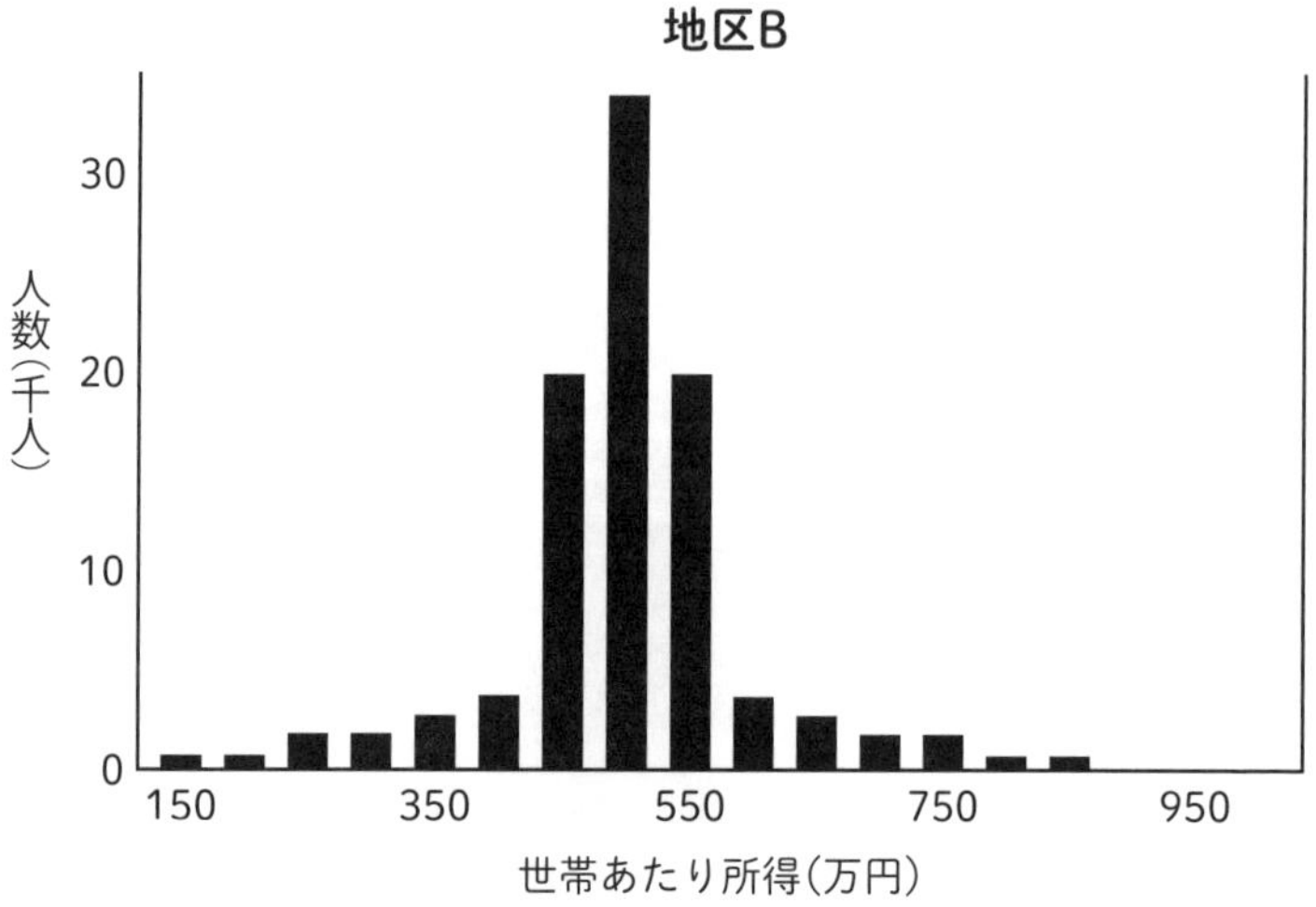

では「低所得・高所得世帯にも対応させた販売方針」、地区Bでは「平均層に特化した販売方針」、のように、とるべき販売方針も異なってくることになります。

■「バラツキ」の形は大きく3つ

バラツキの形は、大きく分けると、図42の3つになります。

① 山の形
② 右肩下がりの形
③ 一様に分布（もしくはランダム分布）

1つ目が「山の形」で、よく目にするバラツキになります。

山の頂上あたりに全体の平均値がきます。山の裾野がせまければバラツキが小さく、山の裾野が広ければバラツキが大きいことになります。

たとえば、製造の現場では、製造誤差がこの「山の形」に分布するため、より裾野が小さくなる（＝でき上がった製品のバラツキを小さくする）ように製品管理をします。また、

図42 バラツキの3つの形

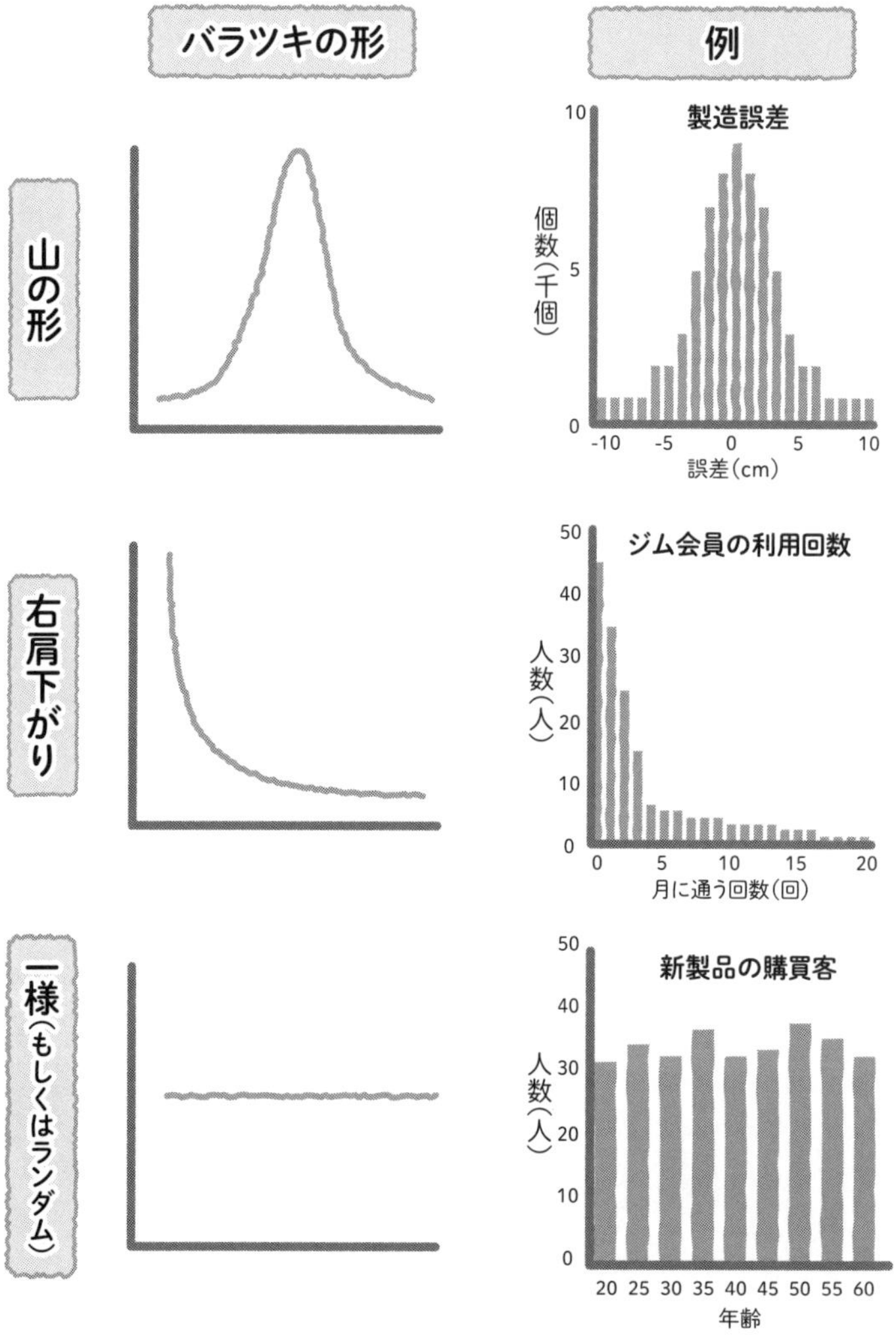

物流の現場では、出荷量のバラツキが「山の形」になる前提で、安全な在庫量を計算し在庫を管理することに活用しています。

2つ目が**「右肩下がりの形」**になります。

平均値がグラフ右側の大きな値に影響され大きくなるため、中央値（大きい順番に値を並べたときに、ちょうど真ん中にくる値）を使って、全体を表現することもあります。

たとえば、スポーツジムの月あたりの利用回数と人数の関係をとると、このようなバラツキになります。中央値は月2回ですが、平均値は月10回以上使用するヘビーユーザーの値にかたよって月4回となります。

3つ目が**「一様に分布（もしくはランダム分布）」**になります。

この場合は、グラフの縦軸と横軸の間に関係性が見られない、ということになります。

たとえば、ある製品を購入した人の年齢分布が一様に分布していた場合、「購買客は特定の年齢に依存しない」ということとなります。

「関係性がない」ことを証明する意味はあるかもしれませんが、多くの場合、他の切り口でも数字を整理しなければなりません。

バラツキの形やバラツキの度合いを把握する目的は、「カタマリ」を把握することです。

販売施策であっても業務施策であっても、何かアプローチを決める際は、「○○というグループ」というカタマリを作ることになります。

たとえば、新製品を新たに販売する場合、不特定多数を対象とすることはありません。年齢性別で分けた「20代男性」であったり、行動特性から「週末に1時間以上ジョギングをする人」であったり、同じような特性をもった「カタマリ」に分けて対象とするはずです。そのカタマリを見つけるために、バラツキを把握する必要があるのです。

実際に集計をしていると、データ数が少なかったり、バラツキが綺麗な形にならなかったりすることの方が多いです。また、説明のつかない異常値が多い場合もあります。

そのため、まずグラフにして、バラツキを目で見て判断し、示唆がありそうなカタマリをざっくりとらえられることが仕事をする上では重要になります。

「90％で起こることなのか、10％で起こることなのか」を意識する

人は確率を誤って認識してしまうことを知っていますか？

■人は確率を誤って認識してしまう

「うまく行く確率は五分五分かなあ」「9割以上の確率で成功すると思います」という会話は仕事でもしたことがあると思います。これは、**経験や勘に基づいて将来起こる事の確率を予測している**ことになります（これを「主観確率」といいます）。

しかし、「確率」は、感覚で判断してしまうと誤った結果となることがあるので意識する必要があります。なぜなら、**人は「確率を直感的に間違って認識してしまう」性質を持っている**からです。

行動経済学に「確率加重関数」という図43のようなグラフがあります。

このグラフは、**人は、起こる確率が低いことに対して、「実際よりも起こる確率が高**

図 43 実際の確率と人が認識する確率

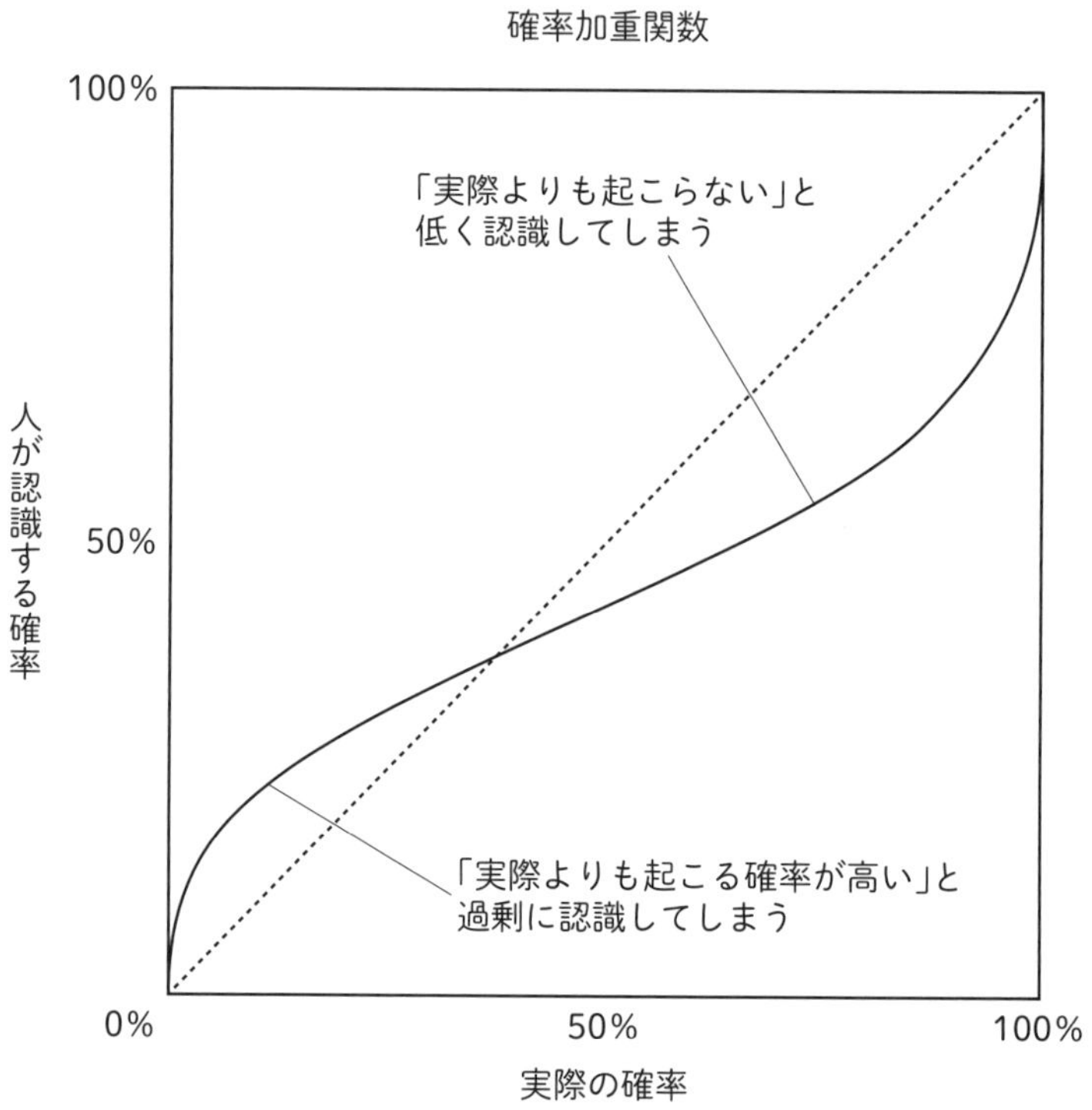

い」と認識してしまうことを表します。そのため、必要以上に飛行機事故を心配したり、宝くじで一等があたることを過大に期待したりしてしまいます。

また、逆に、起こる確率が高いことに対しては、実際よりも起こる確率が低いと認識してしまいます。

ですから、感覚で確率を判断するのではなく、計算して算出できる確率に関しては、できるだけ数字で把握した方がいいことになります。

■直感的な感覚にダマされない

「確率」と言っても難しくとらえる必要はなく、**「起こる回数÷全体の回数」で計算される比率**にすぎません。

不良品が出る確率であれば、「不良品が出た回数÷調べた回数」になりますし、返品される確率であれば「返品された回数÷販売した回数」になります。

ただ、この「起こる回数」と「全体の回数」を正しく認識しておかないと、誤った計算をしてしまうので注意が必要です。

たとえば、Aさんは、精密機器を製造する会社で働いていたとします。製造が複雑な製品にも関わらず、その会社は不良品発生率を0・1%におさえられていることが、この会社の何よりの強みだとします。

さらに不良品発生率を下げるため、この会社は海外から、出荷前に不良品かどうかを検品できる高価な機械を導入しました。その機械を使えば、99%の確率で不良品かどうかを判別できます。つまり、間違った判別をする可能性は1%しかない機械ということになります。

さて、その機械を導入したところ、早速、その機械によって、1つの製品が不良品の判定をされました。担当者であるAさんは、この不良品判定をどう捉えればよいでしょうか。「かなりの高い確率で、これは不良品だ」でしょうか？　それとも、「正常な製品である確率の方がまだ高い」でしょうか？

「99%で不良品を見分ける機械なのだから、不良品判定はほぼ間違いない」と思った方もいると思います。

ただ、正解は、図44を見てわかるとおり、後者の「正常な製品である確率の方がまだ高

図44　確率を間違えて認識しやすい例

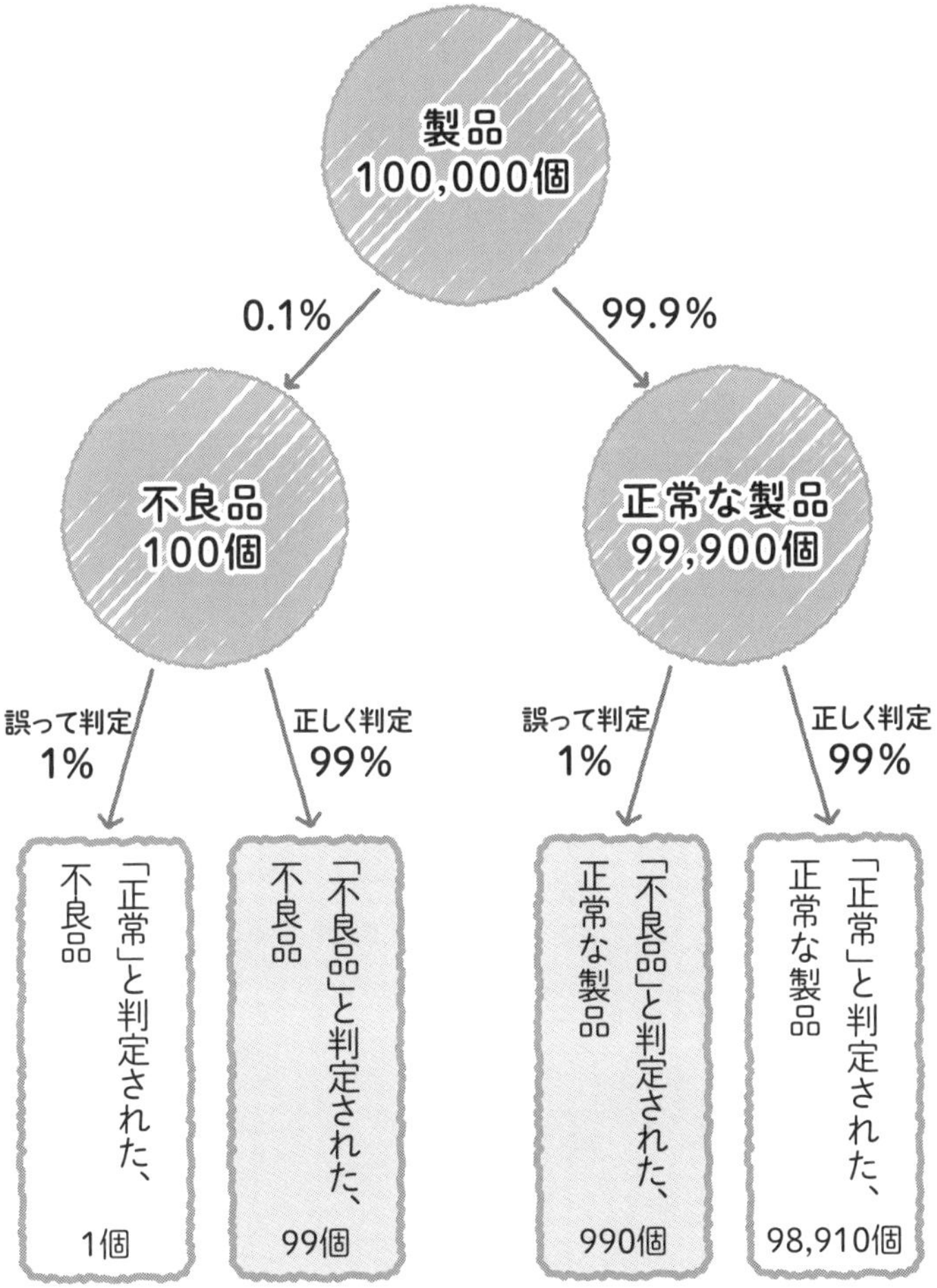

製品を100,000個つくると、不良品と判定される製品は1,089個(990個+99個)。不良品と判定される1,089個のうち、本当に不良品なのは、そのうち99個だけ。つまり、不良品と判定されても、本当に不良品である確率は9%(99個／1,089個)しかない

い」になります。厳密には、本当に不良品である確率は9％しかないことになります。

ここで、「かなりの高い確率で、これは不良品だ」と思われた方は、「すでに0・1％の確率で発生した不良品の検査」に絞って考えてしまっています。

つまり、確率を計算するために必要な「起こる回数」と「全体の回数」を正しく認識していなかったことになります。

このように、部分的な事象や情報によって確率を考えると、正しい確率を把握できないことになってしまいます。

比較する際、異常な値はていねいに扱う

「セレンディピティ」を見逃していませんか？

■スポーツの採点でも最高・最低の点数をはずす

数字を集計していると、他の数字とは大きく離れた数字が出てくることがあります。何かの間違い、いわゆるエラーによって出てきた数字であれば、それは「異常値」ということで集計から除外すればいいこととなります。

たとえば、フィギュアスケートやスキージャンプの採点では、「間違って高く（もしくは低く）点数をつけてしまう審判員もいるだろう」という前提で、**最高と最低の点数を除いた点数を集計して点数を出します。**このように、**大きすぎる値や小さすぎる値を除いて平均することを「トリム平均」と言い、**異常値が多く含まれた数字を集計する際によく用いられます。

ただ、もしかすると、大きく離れた数字にこそ、新しい事実が隠れているかもしれませ

ん。そのため、他の数字と大きく異なる数字であっても、安易に除外することはせず、除外する前には「なぜ他の数字から大きく離れているのだろうか？」と考えてみることが必要です。

■異常な値はどのような悪さをするか

数字をグラフなどにおいて視覚で判断する場合、異常値はそれほど悪さをしません。ただ、**異常値は、計算式に入れて処理した場合に、大きな悪さをします。**よく使う「平均」もその1つです。

たとえば、図45は、顧客1人あたりの購入額の表で、1人あたりの購入額の平均値は4500円となります。ただ、そこに、11人目を加えた図46では、平均値は1万円となります。たった1人、他の値と大きく異なる数字を加えたことによって、平均値は大きく変わってしまいました。

このように、「平均」というのは異常値に影響を受けやすい計算であることを頭に入れておく必要があります。大きく離れた数字も含めて集計する場合、平均値ではなく、中央値（大きい順に並べたときにちょうど真ん中にくる値）を使った方が異常な値による影響

図45　顧客1人あたりの購入額①

顧客1（25歳）	4,500円
顧客2（30歳）	7,500円
顧客3（40歳）	3,000円
顧客4（20歳）	2,500円
顧客5（45歳）	5,000円
顧客6（20歳）	6,500円
顧客7（35歳）	9,500円
顧客8（40歳）	1,500円
顧客9（25歳）	2,000円
顧客10（30歳）	3,000円
平均値：	4,500円

図46　顧客1人あたりの購入額②

顧客1（25歳）	4,500円
顧客2（30歳）	7,500円
顧客3（40歳）	3,000円
顧客4（20歳）	2,500円
顧客5（45歳）	5,000円
顧客6（20歳）	6,500円
顧客7（35歳）	9,500円
顧客8（40歳）	1,500円
顧客9（25歳）	2,000円
顧客10（30歳）	3,000円
顧客11（70歳）	**65,000円**
平均値：	10,000円

は少なくなります。

また、相関においても異常値の取り扱いには注意しなければなりません。

たとえば、先ほどの図45の表における、「1人あたりの購入額」と「年齢」の関係をグラフで表したのが図47になります。これを見ると、「1人あたりの購入額」と「年齢」の間に相関はなく、「年齢と購買額には関係性がないんだな」と判断するのではないでしょうか。実際に、マイナス1からプラス1で表される相関の度合い（＝相関係数）は0で「ほぼ相関なし」という結果になります。

ただ、11人目を図46に加えた場合、「1人あたりの購買額」と「年齢」の関係は図48のようになり、この11人目の1点がグラフの右上にあるだけで、相関係数は0・8となり、相関係数のみを見た人には「相関がある」と判断されてしまいます。

つまり、相関においても、1つ異常値が加わるだけで、結果が大きく異なることになるのです。

図47　1人あたりの購入額と年齢の関係①

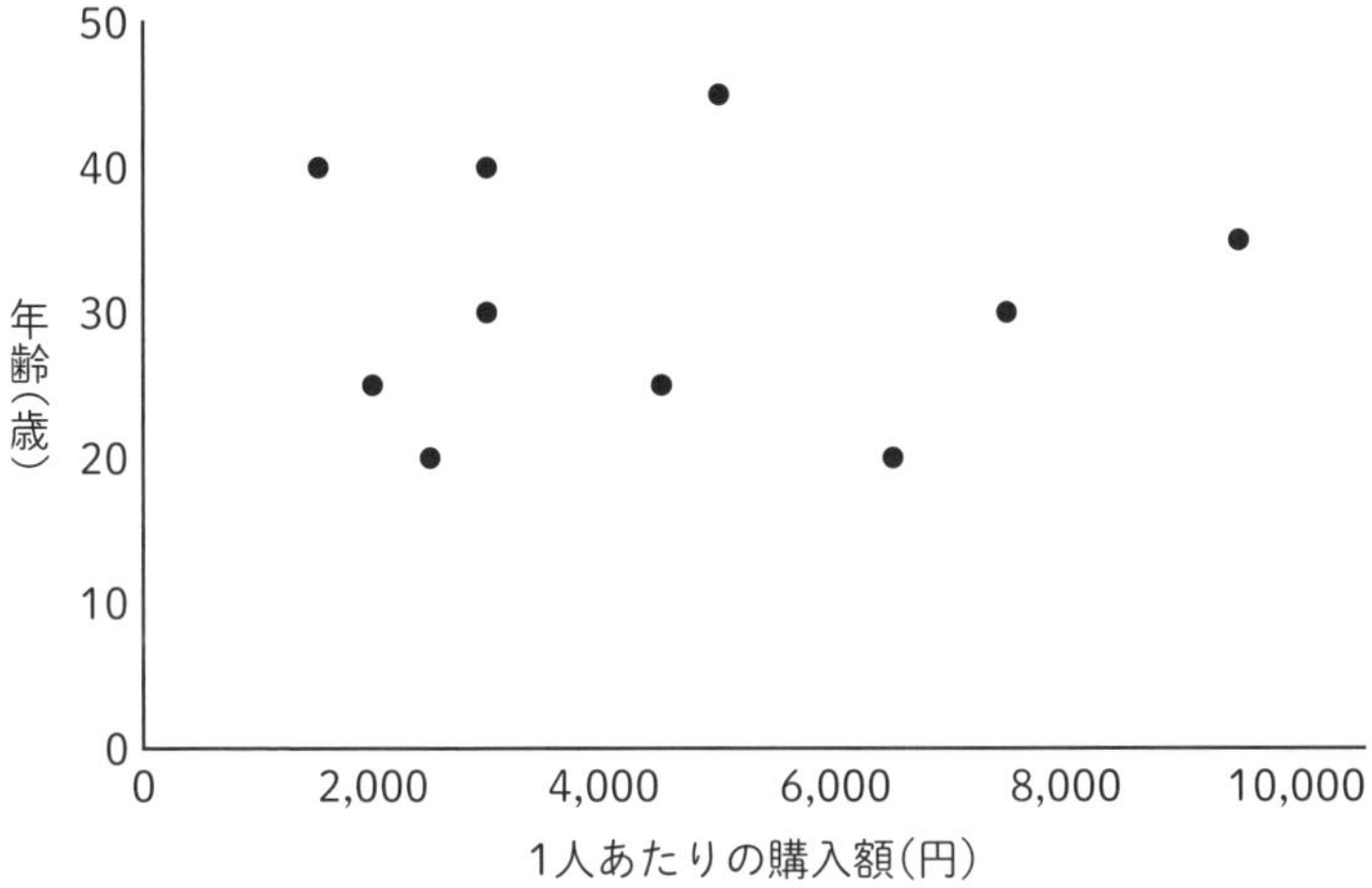

図48　1人あたりの購入額と年齢の関係②

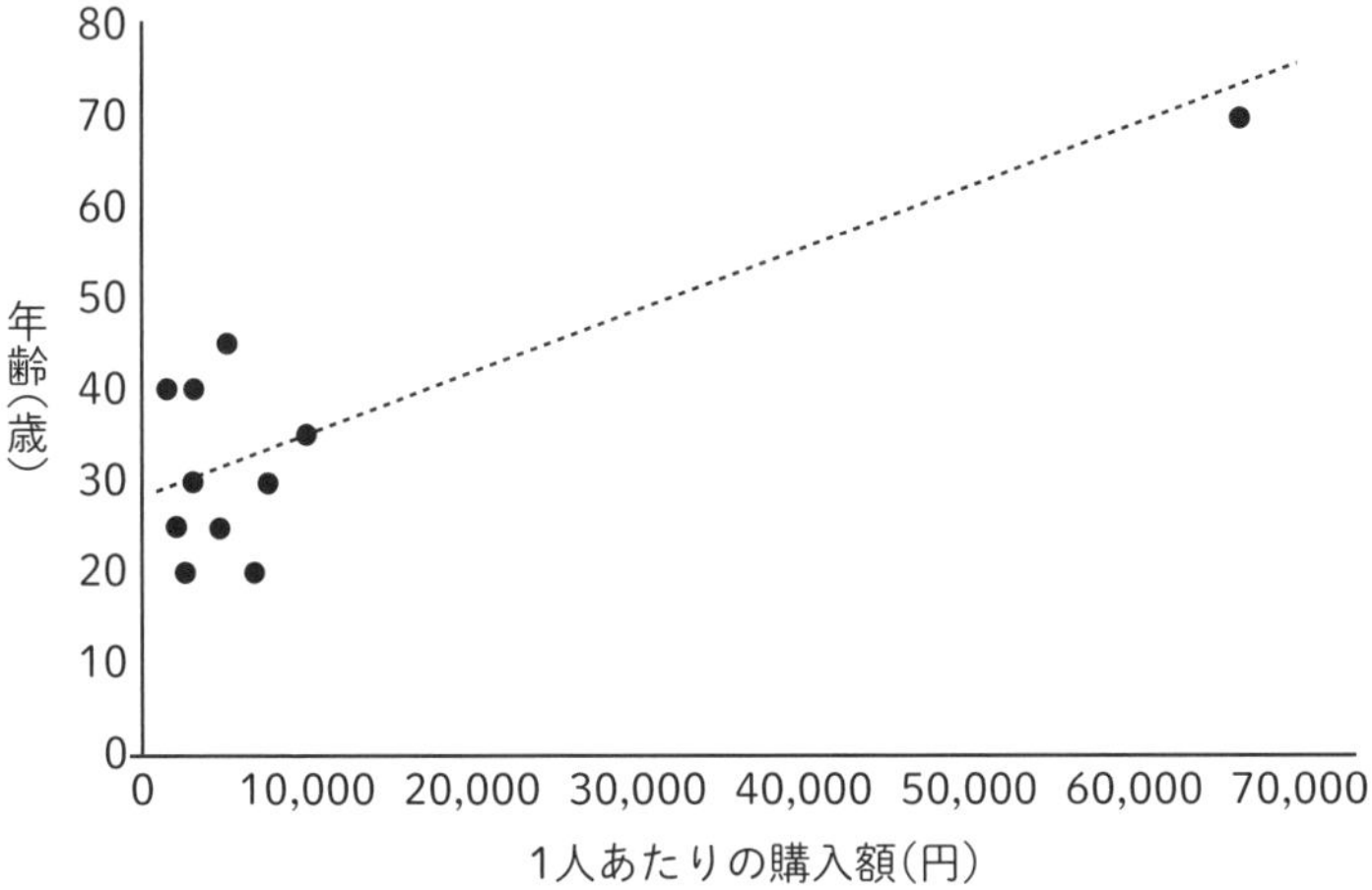

■重要な要素であることもある

先にも述べた通り、異常な値は集計を行う際の計算結果をゆがめてしまいます。一方、異常な値は、重要な示唆を含んでいる場合もあるので、安易に取り除いてしまうことは避けなければいけません。

取り除く前に、「なぜこのような異常な値が出たのか」を考える必要があります。

自然科学においては、偶然に起こった事象、もしくは異常な値を見逃さなかったことが大発見につながることが少なくありません。

たとえば、レントゲン氏によるX線の発見や、ノーベル氏によるダイナマイトの発見なども偶然の変化を見逃さなかったことによる発見になります。このような偶然、もしくは異常な値に出会えることは、自然科学において**「セレンディピティ」**と呼ばれています。

そして、**大発見につなげられた人かどうかの違いは、そのセレンディピティに気づけたかどうかの差**になります。

狂犬病ワクチンを発明した細菌学者のパスツールは〝チャンスは準備ができている人に訪れる〟という言葉を残しています。

異常な値は、取り除く前に、なぜこのような値が出てきたのか？　単なる誤差なのか？　意味のある値なのか？　そもそも、数字の取り方が良くなかったのではないか？　と考える必要があります。もしかすると、異常な値にこそ、大きな示唆のある事象が隠れているかもしれないからです。

深く考えることなく異常な値を除外するクセがついていると、「セレンディピティ」を見逃してしまうことになります。

5

比較した結果をわかりやすく見せる

資料は「空」「雨」「傘」のストーリーでわかりやすく

資料作成におけるストーリーの立て方を知っていますか?

■ 資料にストーリーがないとどうなるのか

いくらいい考えを思いついたとしても、それが人に伝わらないかぎり、これまでの作業は徒労に終わることになります。まずは、自分の考えを人にわかりやすく伝えなければいけません。

自分の頭の中から相手の頭の中に、考えを伝達する際の媒介役になるのが「資料」です。

資料は、相手に「あぁ、そういうことか。よくわかった。その通りだね」と思ってもらうための道具です。

そのためには、資料がわかりやすいストーリーになっていなければなりません。つまり、資料が機能するためには、必ず結末（＝結論）があり、そこにたどり着くまでの自然な流れ（物語）が必要になるのです。

ストーリーを作るポイントは2つです。それは、

① 1つ1つのシーンがつながりを持っていること

② 結末（＝結論）があること

です。

人は、ストーリーがあってはじめてあなたの説明に納得します。逆に、どれだけ素晴らしいアイデアであっても、ストーリーができていなければ、納得しません。

たとえば、図49の資料を見てください。似たような流れの資料を、目にしたことがある

図 49　ストーリーがない資料の例

女性客の増加によって、今年の来店者数は大きく増加

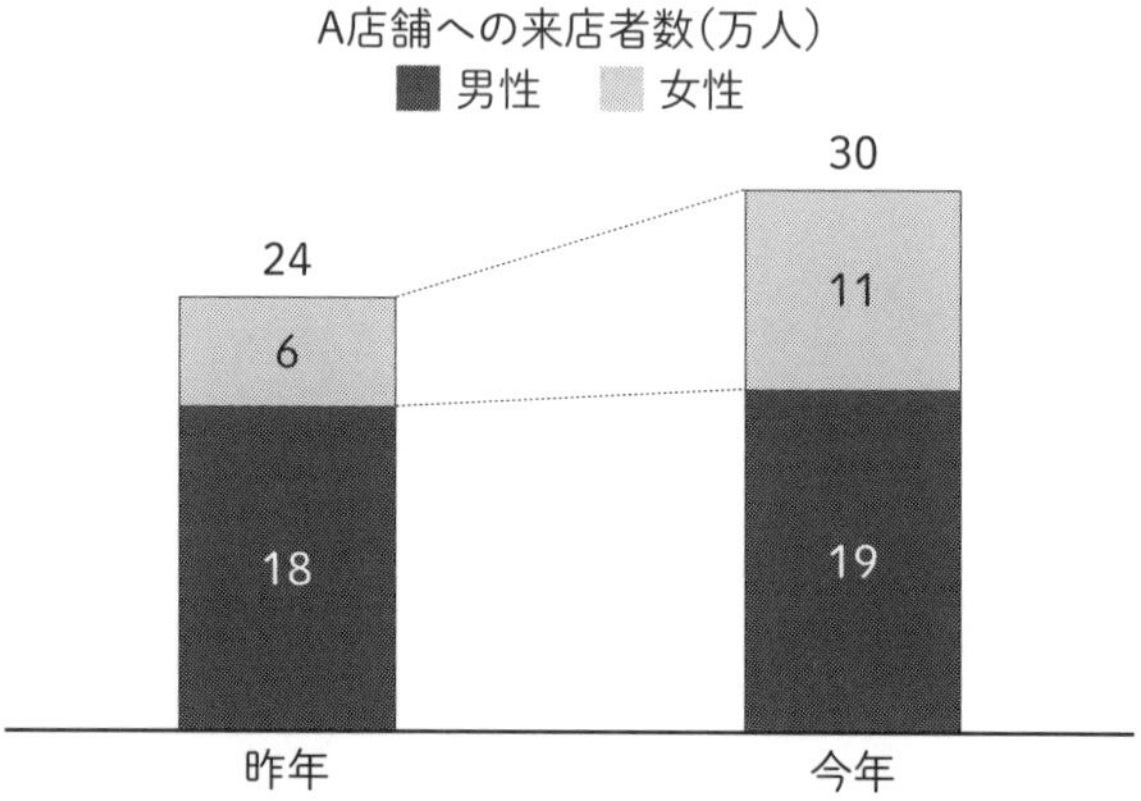

来店者数を増やすため、来年は店舗をより女性向けに改装していきたい

施策1：女性向けに内装を変更

施策2：女性向け商品の品揃えの充実

施策3：女性店員の比率を上げる

のではないでしょうか。このような資料をみせられると、人は納得ではなく、引っ掛かりを感じます。なぜなら、「なぜ、女性客をターゲットにしていくべきなのか」という物語が欠けているからです。

資料を作成した人の頭の中にはそのロジックがあるのかもしれません。口頭で説明しようと思っているのかもしれません。ただ、資料自体にその物語が書かれていません。

そのため、資料を見た人は、「今年は女性客が大きく増えた」から「来年は女性客をターゲットにするべき」という物語を自分で考えなければいけません。

フランスの作家アルベール・カミュは〝悪い作家とは、読者に理解できない自分の内部での文脈を考慮に入れながら書く連中のことである〟という言葉を残しています。

欠如した物語を考えさせられるのは、読み手にとってストレスになります。結論までの物語が欠如している資料は、いきなり場面が飛んで結末をむかえる映画のようなものです。読み手には、「えっ、なんでこういう結末になるの？」という違和感のみが残ることとなるのです。

■「空・雨・傘」とは何か

では、どうすれば〝わかりやすくストーリー立てされた資料〟を作成できるのでしょうか。

資料作成において、汎用性が高く、読み手が理解しやすいストーリーの立て方は次のようになります。

「状況→状況の解釈→とるべき行動（＝結論）」

この方法は、「〇〇だから△△」という論理をつなぎあわせて結論を引き出す方法です。ビジネスにおける資料作成でよく使われ、**「空・雨・傘」**とも呼ばれています。

「空」「雨」「傘」とは、図50のように、それぞれ**「状況」「解釈」「結論」**をたとえた表現になります。

図 50　「空」「雨」「傘」とは

空

状況

強い南風が吹いている。南の方には厚い黒雲がみえる

↓

雨

解釈

まもなく雨が降ってくるな

↓

傘

結論

傘を持っていこう！

■空・雨・傘でストーリーを整える

資料作成を行う段階で、改めてゼロからストーリーを作る必要はありません。ここまで、問題設定をし、答えを想定して、数字で検証してきましたので、ロジックとしてのストーリーはできあがっているはずです。

最終段階の「資料作成」とは、そのロジックをわかりやすく構成する作業になります。また、資料作成には、資料に落とし込むことでロジックの漏れや検証の甘さに気づくことができる、という副次的な効果もあります。

たとえば、図51のように幹となる「空・雨・傘」の資料を作ります。

その後、読み手が「空」「雨」「傘」のそれぞれに納得できるよう、図52のように枝葉の資料でどんどん補強していきます。大事なポイントは、「空→雨→傘」の幹の部分を、複雑にしたり長くしたりしないことです。なぜなら、この幹の部分を複雑にしてしまうと、ロジックとしては正しくても、読み手の理解が難しくなるからです。

「空」「雨」「傘」は3つで1セットです。1つでも欠けていると、読み手は納得しません。

図51 「空・雨・傘」の幹となるメッセージ

テニス用品の直営店では、
リピート客の減少によって
売上が大きく下がっている

↓

リピート客は、
販売員の商品知識不足に対して
不満をもっているようだ

↓

店舗における正社員の比率を上げ、
商品知識の研修制度を
整えるべきではないか

たとえば、「傘」がない報告書は、結末のない映画のようなものです。資料を見た人は「で、なんなの?」という印象を持ちます。「空」がないと、「なぜそういうことが言えるの?」と思い、「雨」がないと「えっ、なんでこういう結論になるの?」という印象を持ちます。

いくら論理的に正しい考えであっても、資料の上でわかりやすいストーリーができていなければ、物語の結末(=結論)に納得してもらえません。「空・雨・傘」は、人の考え方になじむストーリー構成です。

言い換えると、読む人が理解しやすい構成なのです。資料の作成を行う際、「空・雨・傘」を意識しながら全体を構成すると、伝わりやすくなります。

図52　枝葉をつけた「空・雨・傘」

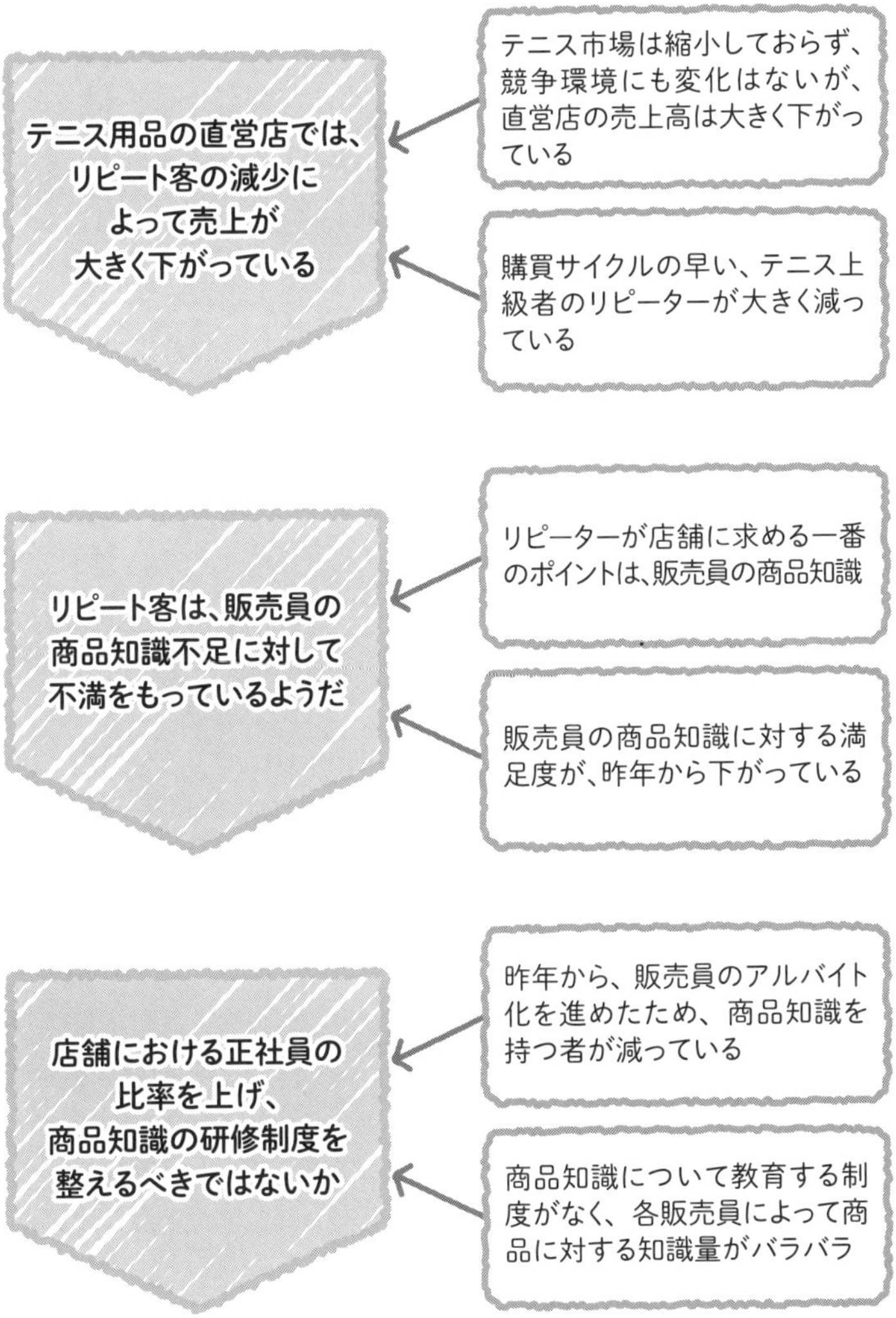
テニス用品の直営店では、リピート客の減少によって売上が大きく下がっている
テニス市場は縮小しておらず、競争環境にも変化はないが、直営店の売上高は大きく下がっている
購買サイクルの早い、テニス上級者のリピーターが大きく減っている
リピート客は、販売員の商品知識不足に対して不満をもっているようだ
リピーターが店舗に求める一番のポイントは、販売員の商品知識
販売員の商品知識に対する満足度が、昨年から下がっている
店舗における正社員の比率を上げ、商品知識の研修制度を整えるべきではないか
昨年から、販売員のアルバイト化を進めたため、商品知識を持つ者が減っている
商品知識について教育する制度がなく、各販売員によって商品に対する知識量がバラバラ

資料はとにかくシンプルにする

ついつい情報を詰め込んだ資料を作っていませんか？

■「メッセージ」「中身のタイトル」「中身（グラフなど）」が基本3要素

「メッセージ」「中身のタイトル」「中身（グラフなど）」が、ページ作成における3つの基本要素になります。

「メッセージ」はステップ2で想定した答えです。「タイトル」はステップ4で決めた比較の方法で、「中身」はステップ3で集めた数字になります。その3つの基本要素が1ページに含まれているかぎり、ページ内の配置はどうあろうと構いません。

ただ、一般的には、図53のような配置になります。**人は上から下、左から右に情報を追います。**ですから、この配置であれば、まずメッセージを見て、「こういうことが言いたいのね」と頭に入り、タイトルを見て、「この比較方法で証明するのか」と思い、中身を見て「たしかにそうだな」と納得しやすいのです。

図 53　一般的なページ内構成

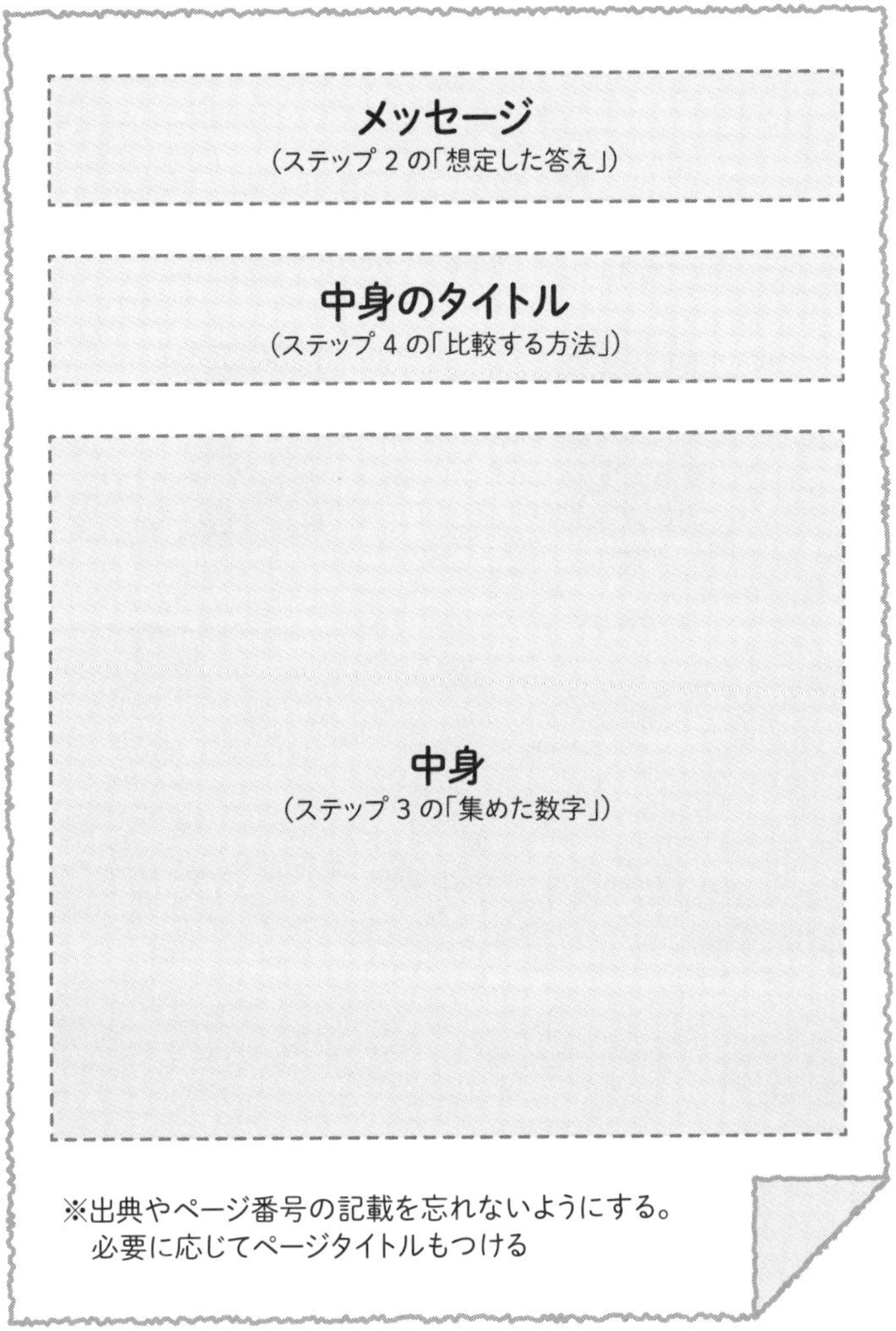

図54 メッセージが間違っている例

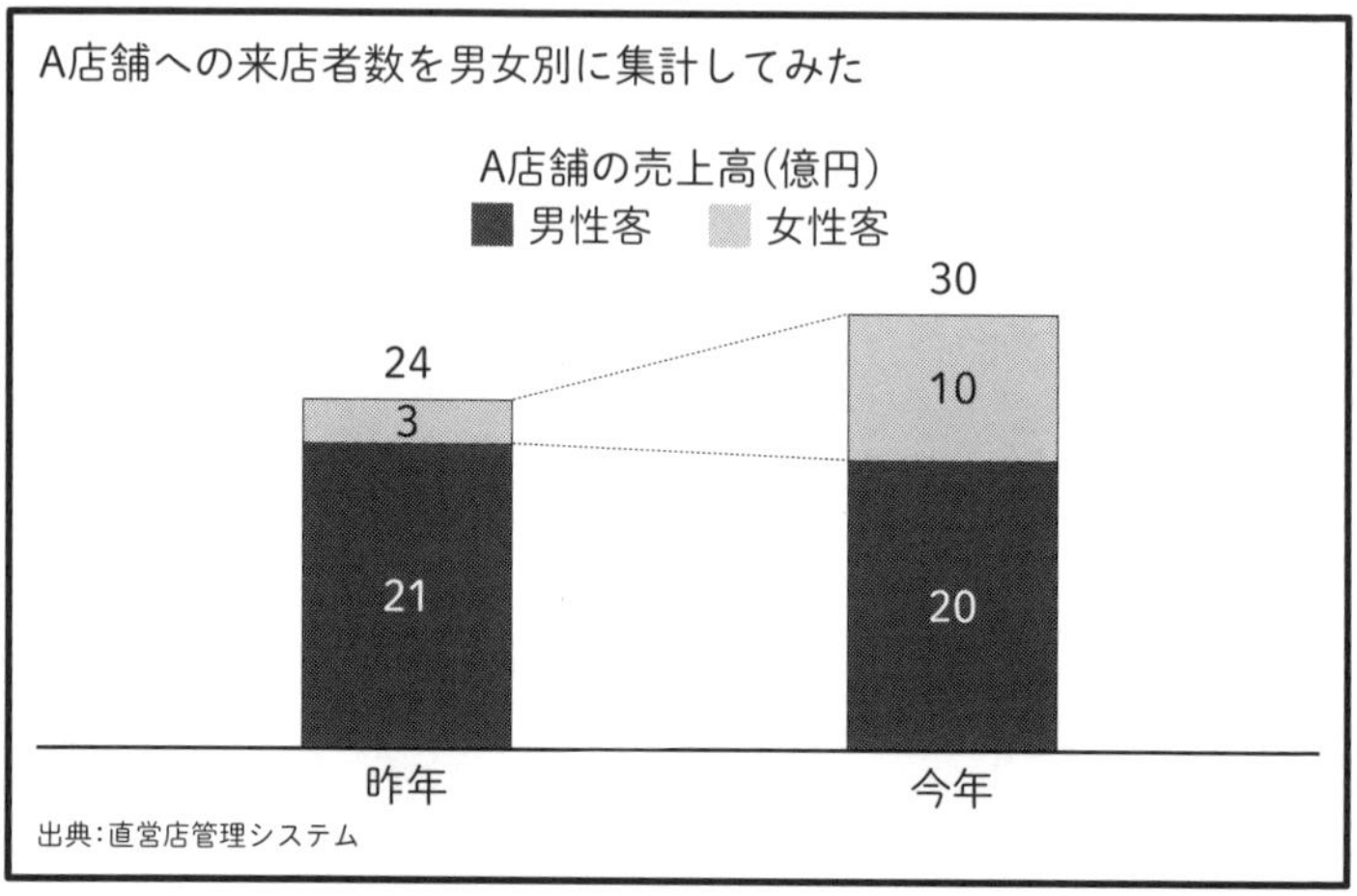

ただ、配置よりも大事なことがあります。それは、**3つの要素がつながっていること**です。先にも述べましたが、この3つの要素がつながっているかどうかは、そのページが人に考えを伝えられるかどうかの生命線になります。

たとえば、図54にはメッセージがありません。「集計してみた」は、作業の内容であって、伝えたい内容ではないはずだからです。

図55は、メッセージと内容が一致していません。「全店舗の中で、A店舗はもっとも……」と伝えるのであれば、比較の方法が異なります。A店舗以外の店舗との比較が必要になってくるからです。

図55 中身がメッセージをサポートしていない例

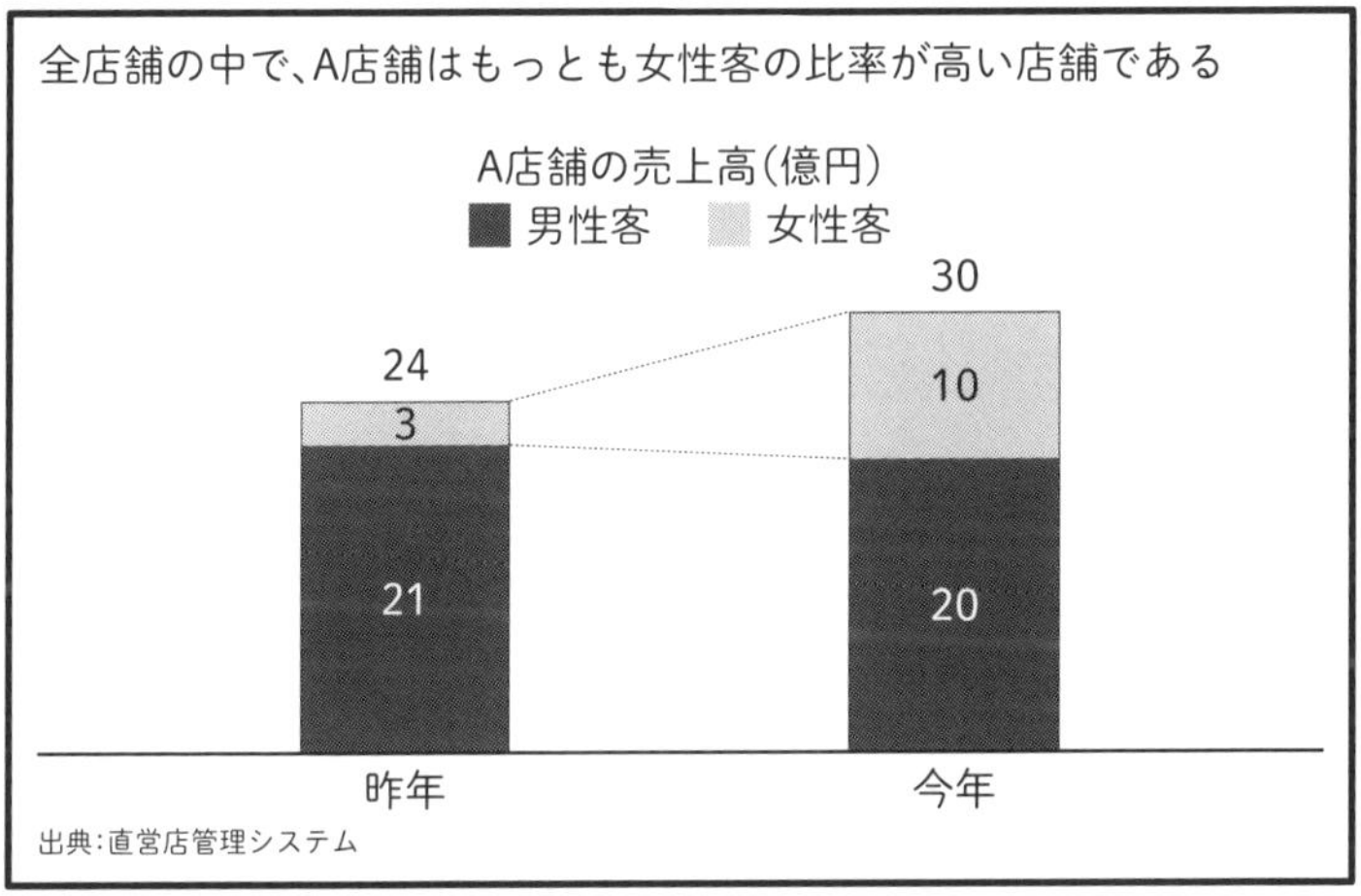

図56 中身がメッセージに関係ない例

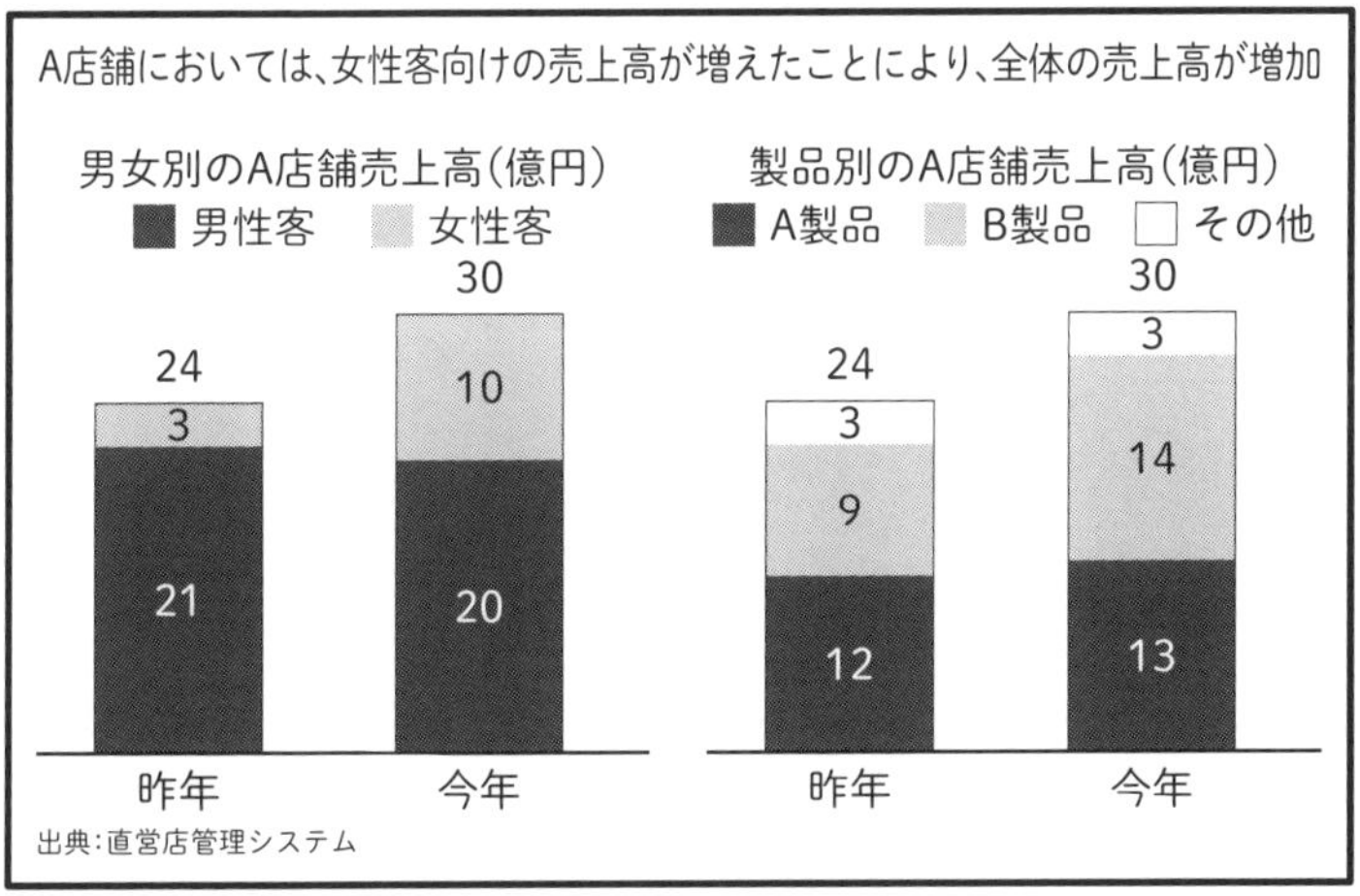

図56は、メッセージと中身が一部しか一致していません。製品別の売上高グラフが伝えたい「メッセージ」とは関係ないからです。

資料全体がストーリーになっていなければならないのと同様、ページ内においても1つ1つの情報全てにつながりがあることで、はじめて読み手は理解できるようになります。

■シンプルでなければ伝わらない

情報盛りだくさんの複雑な資料を作ろうと思う人は、いないはずです。誰もが「資料はシンプルに作成しよう」と思っているはずです。

ただ、現実には、情報が多すぎてわかりにくい資料を目にすることはあっても、シンプルすぎるくらいの資料を目にすることはほとんどありません。

それは、「伝えたいこと」が固まったとしても、資料を作成していく上で**「網羅思考」になってしまいがちになることが原因**です。

「A店舗とB店舗の比較だけでなく、一応、他の店舗情報もグラフに追加しておこうか」「利益についても聞かれるかもしれないから、売上高だけでなく利益率も記載しておこう」という考えが出てくることは誰しもあると思います。

ただ、この考えが、枝葉の情報を記載して、資料を複雑にしてしまう要因となっているのです。

シンプルにするとはどういうことでしょうか。

近代建築の三大巨匠であるル・コルビュジエは、〝シンプルにするとは、選択であり差別であり、伝えたいことを結晶化したものである。その目的は、純度を高めることだ〟と定義しました。

資料作成においては、自分が伝えたいことの「幹」と、その他「枝葉」の情報をしっかり区別することによって、「伝えたいことが結晶化された」シンプルな作りにすることができます。

「ちょっと複雑かな」と思ったときには、試しに作った資料を、声に出して説明してみるのがいい方法です。そして、説明で触れられなかった部分はもちろん、「ちなみに」で説明した部分も、資料から削除します。そうすることで、理想的でシンプルな資料に近づいていきます。

相手に「伝えたいこと」を伝えるうえで、その「伝えたいこと」に直接関係のないことは全て雑音となります。「枝葉」の情報をどうしても資料に含めたい場合は、添付資料として本編の後ろにまわすことによって、資料本編の純度を高められます。

本編の各ページは、伝えたいことに絞ってシンプルに保てるように意識しながら資料作成することが大事になります。

見た目の工夫を手抜きしていませんか？

表も、視覚に訴えるよう作る

■資料の本編に「表」はいらない

原則として、**「表」を資料の本編に使うことはありません。**なぜなら、グラフにして、目で見てわかるようにした方がわかりやすいからです。そのため、もし「表」でしか数字を表現できないと思ったときは、「もしかしたら、伝えたいことが明確になっていないのではないか」と考えた方がいいことになります。

「そんなことはない。たとえば、損益シミュレーションや、財務諸表はグラフにできない」と思われる人もいるかもしれませんが、そうではありません。伝えたいことをサポートするために必要なのが、損益シミュレーションや財務諸表であっても、1つか2つぐらいの切り口で比較された数字で十分だからです。

全体の損益シミュレーションや財務諸表は、必要であれば添付資料に加えます。

■「線」はできるだけ少なくする

とは言え、定期的に決まったパターンで作成される報告資料などで、「表」はよく使われます。その場合、どのようにすればわかりやすく伝えることができるでしょうか。

どうしても、グラフと比べて表は構造がシンプルなだけに、「伝わりやすいように作成しよう」といった配慮があまりなされません。

そもそも、「表というのは、囲碁盤のように線をひいたマス目の中に文字や数字を書くものだ」という考えがどこかにあると思います。そのため、図57のような表をよく目にします。

図57は、なぜわかりにくいのでしょうか。

表を作る際に意識しておきたいことは「線」です。「線」は、物事を意味のあるブロックに分ける役割をもっています。見る人は1つ1つの線に対して、「この線は、何と何を分けているんだろう」と無意識のうちに考えてしまいます。そのため、図57のように囲碁盤のように線を引いてしまうと、読み手の理解に負担をかけることとなります。

図57 囲碁盤のようで見にくい表

事業所別の販売額（億円）					
	2012年	2013年	2014年	2015年	2016年
北海道支社	6	7	5	6	4
（対前年比）	120%	117%	71%	120%	67%
東北支社	10	12	10	10	12
（対前年比）	100%	120%	83%	100%	120%
関東本社	165	143	118	93	72
（対前年比）	93%	87%	83%	79%	77%
中部・近畿支社	99	127	152	180	207
（対前年比）	110%	128%	120%	118%	115%
中国・四国・九州支社	7	5	8	7	8
（対前年比）	88%	71%	160%	88%	114%
合計	287	294	293	296	303
（対前年比）	99%	102%	100%	101%	102%

線はできるだけ少なくするように心がけ、本当に分けたい、区別したい、と思う部分以外は線を引かないようにした方がわかりやすくなります。

■一目でわかる表に工夫する

たとえば、図58の表の縦に引いた点線を見てください。この線は、隣の数値と見間違わないように引いた線です。ただ、隣の数値は同じ種類の数字であって、本当に分けて区別したい数字ではありません。

表における縦線は、多くの場合、縦の文字・数字を右揃えにあわせるだけで省略することができます。

また、横に引いた太線を見てください。こちらも、上下の数値と同じ種類の数字であって、本当に分けて区別したい数字ではありません。そのため、線は必要ありません。

横線は、縦線と違って省略しにくいのですが、**本数を減らし、薄い点線で区別をつければ事足ります。**

図58　表における「線」の役割

事業所別の販売額（億円）

	2012年	2013年	2014年	2015年	2016年
北海道支社	6	7	5	6	4
（対前年比）	120%	117%	71%	120%	67%
東北支社	10	12	10	10	12
（対前年比）	100%	120%	83%	100%	120%
関東本社	165	143	118	93	72
（対前年比）	93%	87%	83%	79%	77%
中部・近畿支社	99	127	152	180	207
（対前年比）	110%	128%	120%	118%	115%
中国・四国・九州支社	7	5	8	7	8
（対前年比）	88%	71%	160%	88%	114%
合計	287	294	293	296	303
（対前年比）	99%	102%	100%	101%	102%

また、**「表」というのはグラフと違い、性質上、必ず全ての数字を記載しなければなりません。**つまり、2×2の表なら必ず4つの数字、3×3の表なら必ず9つの数字……というように、メッセージに必要のない数字も全て記載しないとならないのです。

つまり、**読み手に、余分な情報からメッセージに必要な数字を探させなければならないこととなります。**そのため、「表」を使う際は、伝えたい数字に色や印をつけることで、読み手にとってわかりやすい表になります。

表を作成する際は、

① 線の使用は必要最小限にする

② 伝えたい数字には印をつける

の2点を意識するだけで読み手にわかりやすく伝えることができます。先ほどの表であれば、図57よりも図59の表の方が読み手にやさしい表になります。

ただし、繰り返しになりますが、本来、「表」が資料の本編にくることはありません。今回のケースだと、たとえば、図60のようなグラフを本編にのせ、表は添付資料にのせておく方が読み手にとってより親切な対応ということとなります。

図59 見やすく工夫した表

事業所別の販売額(億円)

	2012年	2013年	2014年	2015年	2016年
北海道支社	6	7	5	6	4
(対前年比)	120%	117%	71%	120%	67%
東北支社	10	12	10	10	12
(対前年比)	100%	120%	83%	100%	120%
関東本社	165	143	118	93	72
(対前年比)	93%	87%	83%	79%	77%
中部・近畿支社	99	127	152	180	207
(対前年比)	110%	128%	120%	118%	115%
中国・四国・九州支社	7	5	8	7	8
(対前年比)	88%	71%	160%	88%	114%
合計	287	294	293	296	303
(対前年比)	99%	102%	100%	101%	102%

図 60　グラフで視覚的に表現

関東本社の減少分を中部・近畿支社の増加で補うことによって、2016年は総販売額300億円を超えることができた

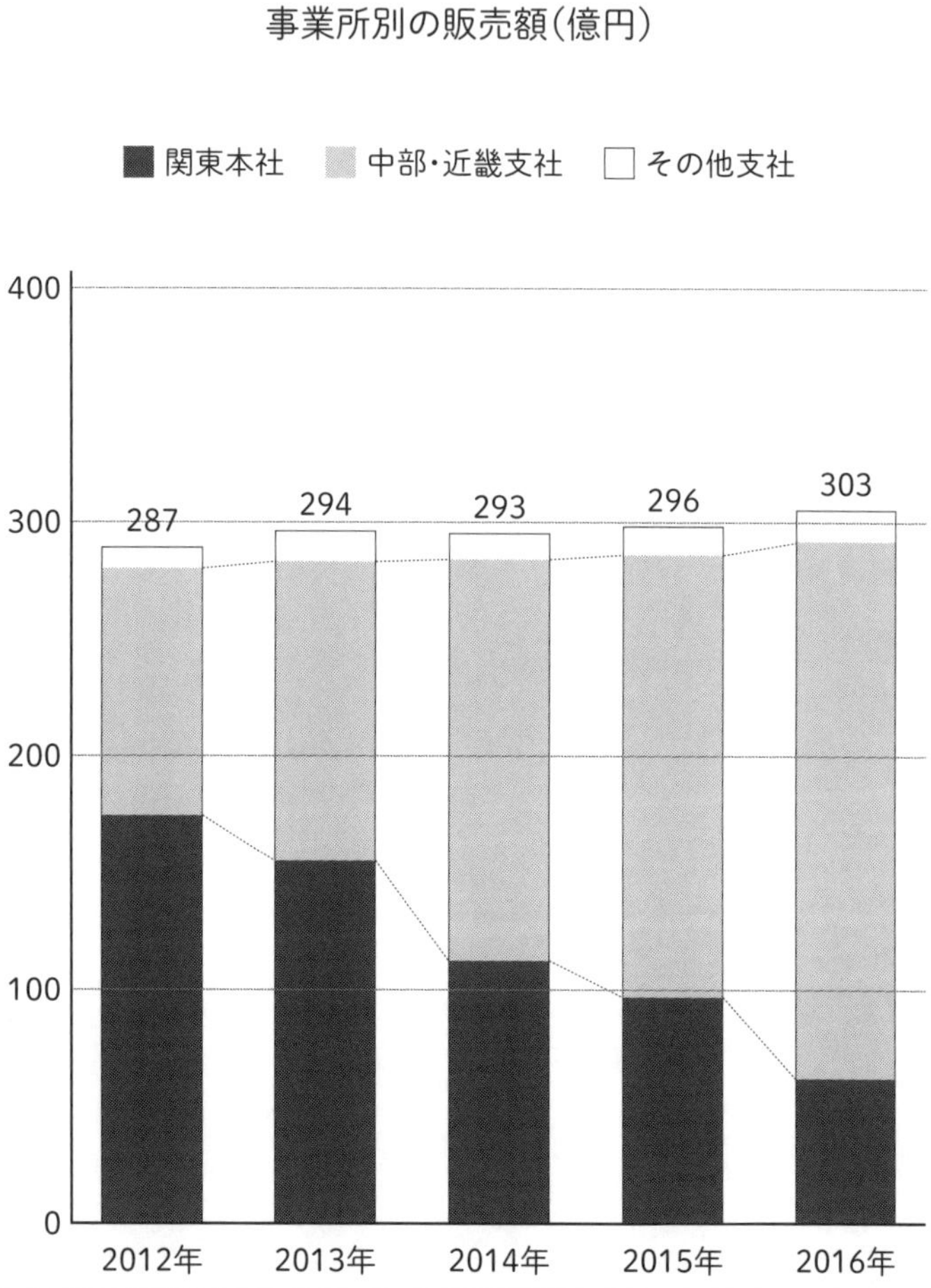

一目でわからないグラフは、グラフにする意味がない

正しいグラフ選択はできていますか？

■グラフの選び方

グラフとは、数字の比較を視覚的にわかりやすく伝えるツールです。そのため、大事なことは、数字の比較が相手に短時間で伝えられるかどうかになります。目にしてから理解するまで20秒、30秒かかるのであれば、グラフを作成するよりも文章や表で説明した方がわかりやすいのかもしれません。

グラフは、比較の種類によって使用できるパターンが大体決まっています。図61は、パターンごとによく使用するグラフの種類になります。

「項目間の比較」の場合、線の長さで差をみせたい際は**「棒グラフ」**。面積の大きさで差

を見せたい場合は**「面積グラフ」**になります。面積グラフは、縦軸と横軸の掛け算が意味のある数字になる際に使われます。

たとえば、縦軸を製品ごとの販売価格、横軸を販売個数とすると、面積の大きさが製品ごとの売上高（＝販売価格×販売個数）ということになります。

また、「時系列での比較」であれば、**「折れ線グラフ」**。もし、年度ごとの数値を比較したいときなど、比較する数が少ない場合は**「棒グラフ」**となります。

「構成比で比較」の場合は、**「100％積み上げ棒グラフ」**となります。

ただし、マイナスの値が含まれている場合は、100％積み上げ棒グラフでは表現しにくいため、**「ウォーターフォールグラフ」**を使うことになります。

構成比の比較として、円グラフが使われることもありますが、実際のところ、円グラフを使うメリットはほとんどありません。あえてメリットを挙げるとすると、円グラフの方が棒グラフより、50％以上か以下かが視覚的にわかりやすいことぐらいです。

「相関」の場合は、**「散布図」**になります。

散布図の点を円にして、その円の大きさでもう1つの軸を含めるときもあります。また、「散らばり」の場合、1軸で散らばりを見たいときは**「柱状グラフ」**を使います。変数を2つ持つ数字の散らばりを見たいときは**「散布図」**を使います。

図 61　パターンごとのグラフの種類

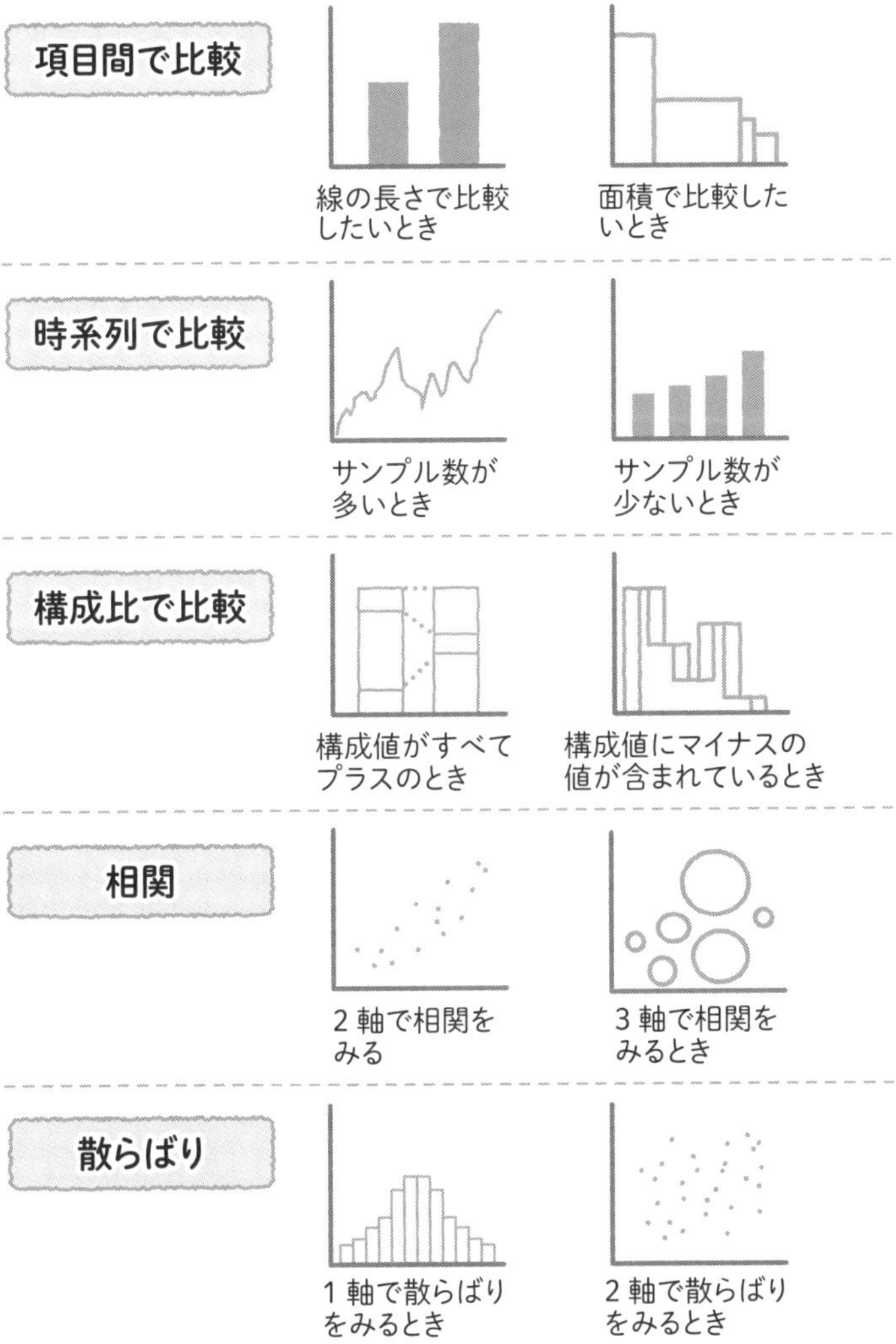

図 62 比較の差が見にくい例

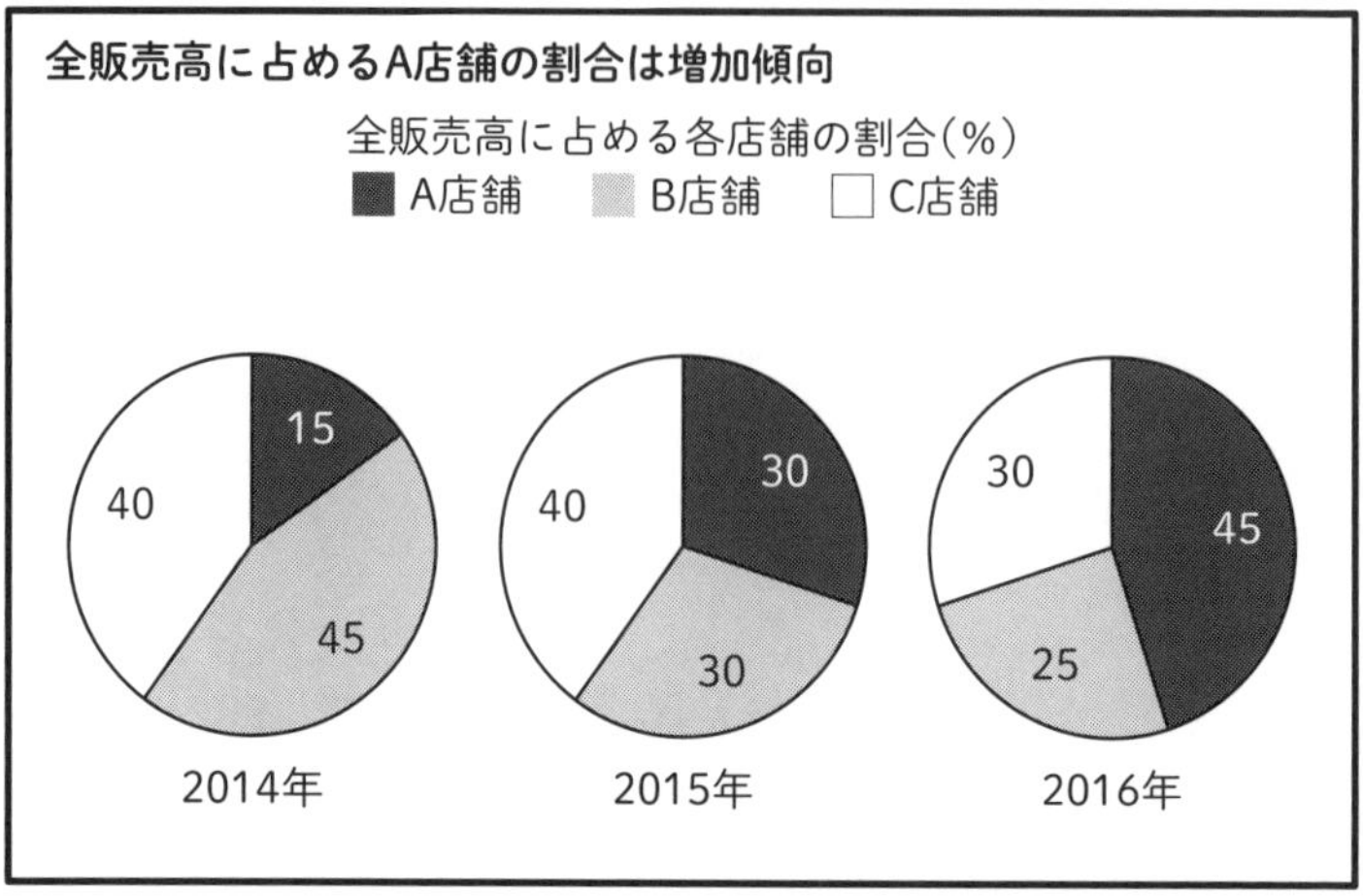

図 63 比較の差をわかりやすくした例

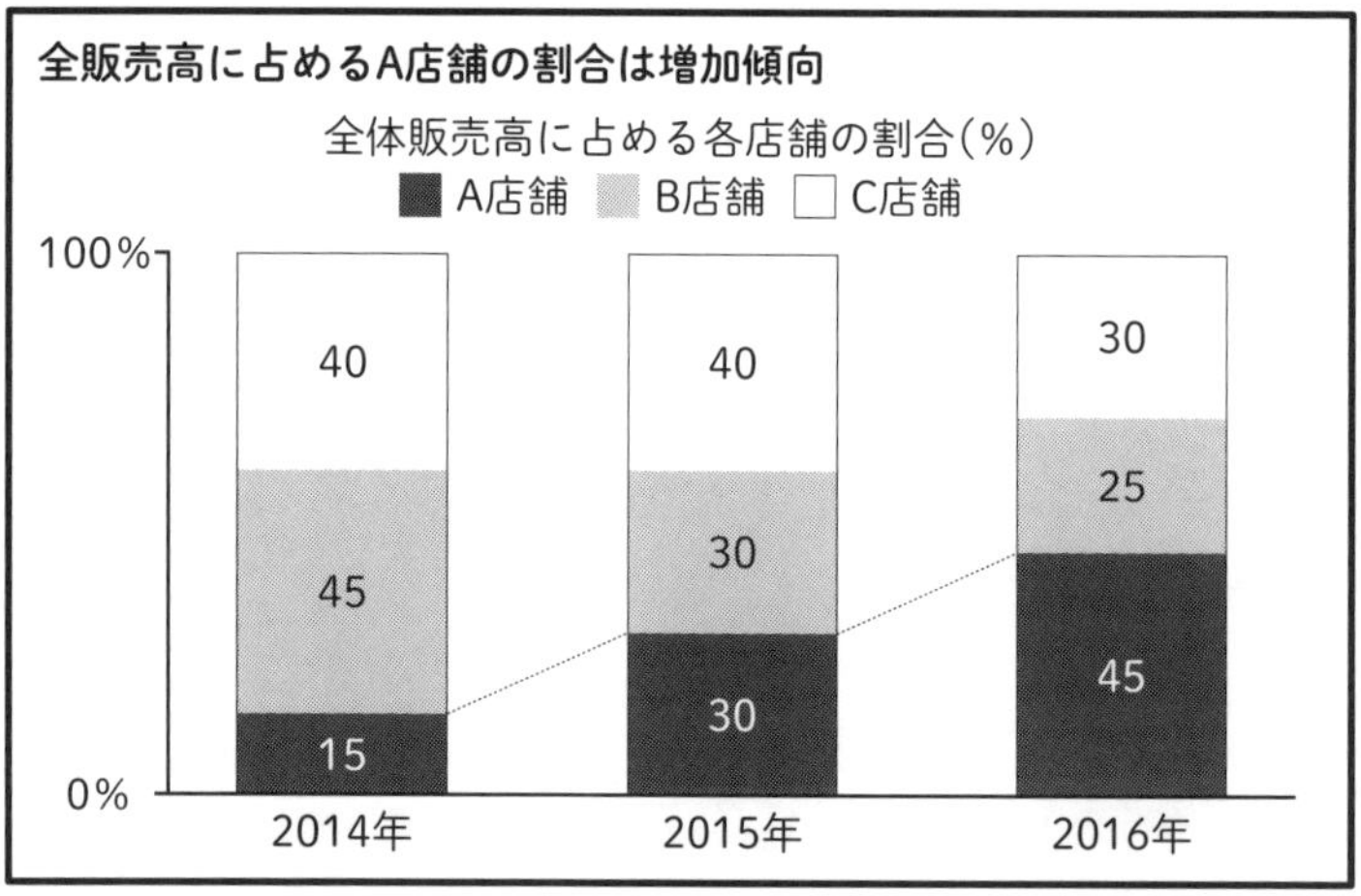

グラフは、一目で比較の差を伝えられる必要があります。そのため、比較の差を少しでも短い時間で伝えられるグラフを選択しなければいけません。

たとえば、図62であっても、伝えたいメッセージが伝わるには伝わります。ただ、半円の角度、もしくは半円の面積というのは、横に並べた際には比較するのが容易ではありません。そのため、図63のように100%積み上げ棒グラフを使い、棒の長さをもって、一目で比較の差がわかるようにした方がより親切なグラフ選択ということになります。

■ただグラフにするだけでは伝わらない

繰り返しになりますが、いかに数字の比較を視覚的にわかりやすく伝えるか、というのがグラフで表現する目的となります。

つまり、**「比較の差」がハイライトされていないグラフは、「表」と同じ**で、読み手の理解に負担をかけてしまいます。図64のようなグラフ作成は、相手に伝えるための一手間がかけられておらず、手抜きになります。

なぜなら、読み手はグラフの中のどの値とどの値を比較すればメッセージにつながるのか、自分で読み解かないといけないからです。図65のように、一目で伝わるグラフにしなければいけません。

「ただ矢印をつけて色を塗っただけでしょ?」と思われるかもしれませんが、これだけで1～2秒は早くメッセージが伝わるはずです。

グラフを作成する際は、読み手の立場にたって、「どうすれば、比較の差をよりわかりやすく短時間で伝えられるだろう」ということを意識しておく必要があります。

図64　手間を省いたわかりにくいグラフ

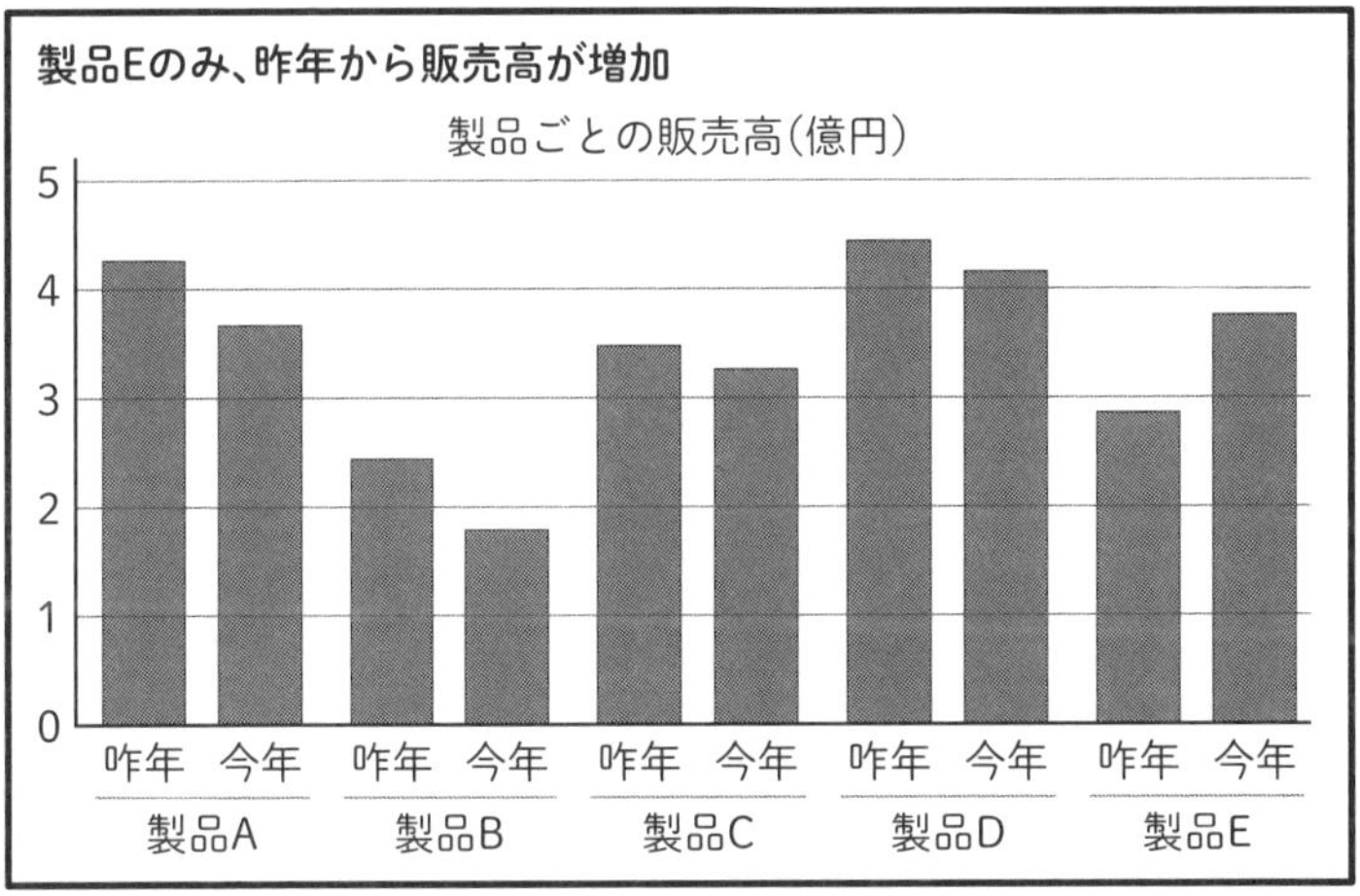

図65　見やすく工夫したグラフ

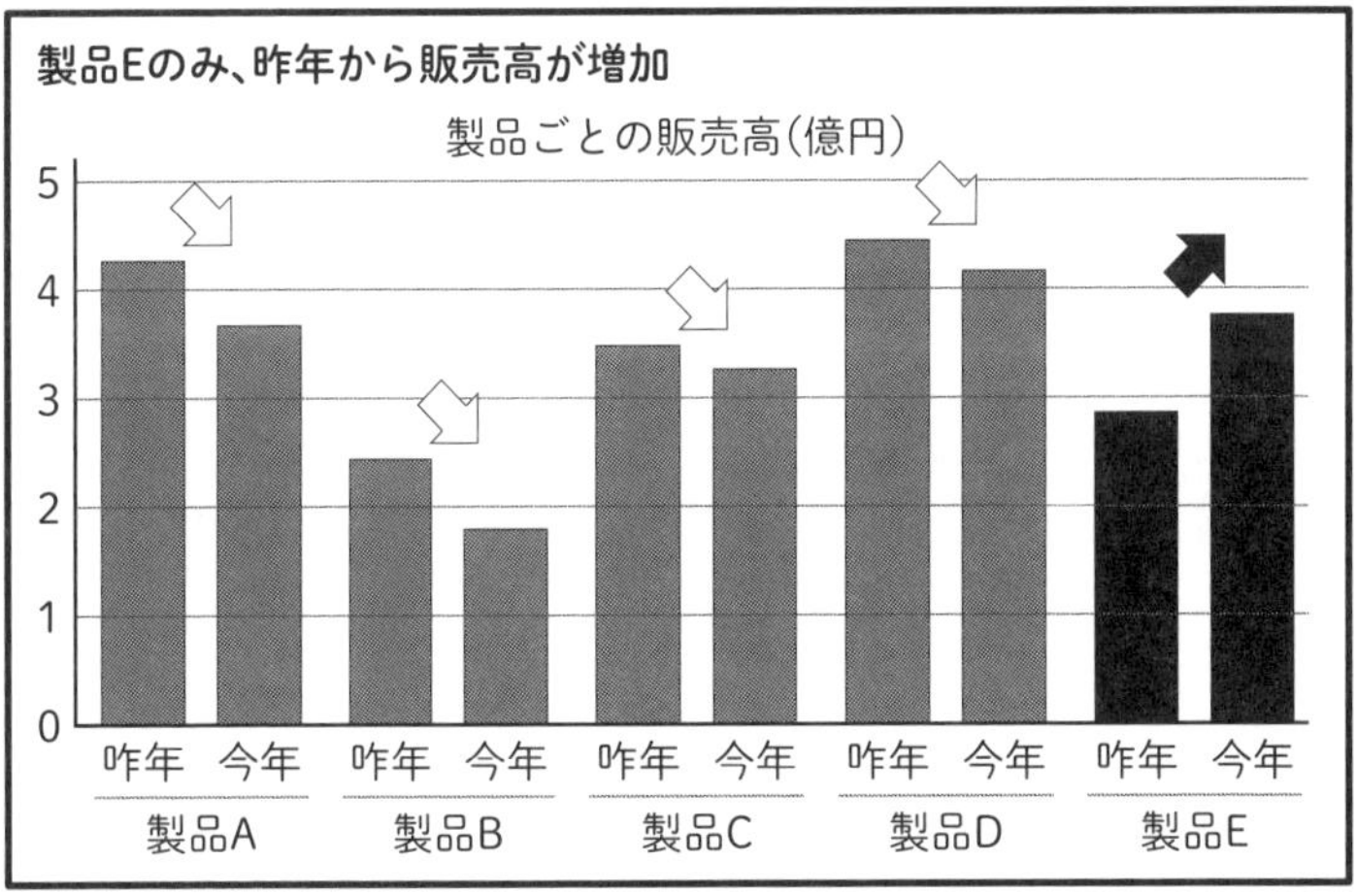

ワクワクする資料を作る

ワクワクする内容とつまらない内容の違いを知っていますか？

■「資料がわかりやすいかどうか」は相手が決める

「資料がわかりやすいかどうか」は相手が決めます。当然のことではありますが、これが大原則です。

「せっかく集めたデータなので資料に入れておきたい」「自分が作る資料はいつもこのフォーマットで作っている」と、自分の観点で資料を作成してしまう気持ちはよくわかります。

ただ、資料は自分のためのものではなく、相手に理解してもらい意思決定させるためのものです。

もし相手が高齢だった場合は、フォントの大きさに気を遣わなければなりません。相手が海外オフィスの人の場合は、その国の印刷サイズにおさまるよう資料を調整するのが親切です。横文字や専門用語についても、読み手が理解していない可能性があるのであれば使っても意味がありません。多少、文章が長くなったとしても、わかりやすい言葉で書き下す必要があります。

資料を作成する際は「資料は見る人の観点でしか考えない」というのが基本中の基本です。少なくとも、「自分のポリシーが」とか、「そんな資料は美しくない」という考えをする必要はまったくありません。なぜなら、**読み手に正しく伝えることだけが資料作成の唯一の目的になる**からです。

■誰が読んでもわかる言葉にする

言葉は大事です。ビジネスの上では「言葉」のみが人にメッセージを伝えられるツールです。

しかし、なんとなく頭の中でイメージしていることも、いざ言葉にしてみようと思うと難しいものです。何かいい表現はないかと思考をめぐらせて、つい、あいまいな表現に逃げてしまうことも少なくないと思います。

たとえば、「社内人材のグローバル化を図る」のような文章をよく見かけます。なんとなく耳触りはいいかもしれませんが、あいまいな表現です。

「人材のグローバル化」と聞くと、社員の英語力が高いことがグローバル化だと思う人もいれば、外国人を採用できていることがグローバル化だと思う人、豊富な海外経験を積むことこそがグローバル化と考える人もいるかもしれません。

また、次のようなあいまいな表現も少なくありません。「抜本的な構造改革」「戦略的な価格設定」「顧客目線でサービス提供」「柔軟なソリューション設計」など、どれも社内外でよく目にする表現です。

こういったあいまいな言葉による表現は、説明したつもりが正しく相手に伝わっていなかったり、同じプロジェクトのチームメンバーがそれぞれ違った認識をしてしまったりする原因となります。

ですから、「社内人材のグローバル化を図る」であれば、「英語で商談ができる30～40代の社員を１００名に増やす」のように具体的な言葉にした方が正しく伝わります。

言葉は、誰が読んでもわかる形として表現しておくことが大事です。

■ワクワクする内容とつまらない内容のちょっとした違い

さて、これで本書の最後の項目になりますが、1つ、ぜひ心がけていただきたいことがあります。それは、せっかく時間を使い、数字をまとめて資料を作るのですから「ワクワクする資料」を作ってほしいということです。

ただ、そのために必要なのは、資料を装飾するデザインのスキルで、面白い文章を書ける文才でもありません。**必要なのは、「ポジションをとる」という、心がけだけです。**

たとえば、以下の文章を読んでみてください。

〈シニア層へマーケティングをすることによるメリットは小さくはない。ただし、シニア層に購買行動をおこさせるのは容易ではないため、リスクも高く、慎重に検討を進めていく必要がある〉

この説明を聞いてワクワクするでしょうか？　するわけがありません。

なぜなら、間違っていたときのための言い訳ばかりで、ポジションをとったメッセージになっていないからです。

「ポジションをとる」とは「はっきりとした主張をする」ことです。

ビジネスを進めるには、先がぼんやりとしか見えない分かれ道で、右に行くか左に行くかの判断を繰り返さなければなりません。そのような状況で、「右に行った方がいいと思うが、左の道も捨てがたい」のような意見には何の価値もありません。

「右に行くべき。なぜなら……」と、ポジションを取って、はじめて「意見」としての体をなすことになります。

誰しも、「もしかしたら、自分の考えは間違っているかもしれない」「反論されたらどうしよう」といった考えが頭にちらつくと、どうしても無難な、どちらともとれるようなメッセージに整理しがちになります。

ですが、読み手の立場からすると、ポジションを取っていない無難なメッセージの資料は気絶するほど退屈です。合っていようが、間違っていようが、ポジションを取ったメッセージがあって、はじめて脳は刺激され、考えが働くのです。

どれだけ考えて、どれだけ時間を使って数字をこねくりまわしても、100%正しいと確証を持てる結果にはなかなかたどり着けません。

それなら、自分がその時点で考える最善の考えに基づいてポジションを取ったメッセージを伝えてください。

それが、読み手をワクワクさせるためにもっとも必要な手段となります。

おわりに

数字の歴史を紐解く鍵として、2万年程前の遺物から数字を使っていたという形跡がアフリカやフランスで見つかっています。しかし、正確にはいつから数字が使われるようになったのかは、まだよくわかっていないようです。

紀元前3000年前にエジプト人が数字を「何かを測る目的」で使用しはじめ、それぞれの数字に違う文字をあてはめました。そして、数字を使うことによってピラミッドを建てることができたのだそうです。その後、ゼロや負の数などの新しい概念が出てくるのに伴い、学問としての数学が発展していきます。

産まれたばかりの子どもには数字の概念は備わっていません。

当然のことですが、数字というのは人間が発明した思考の道具で、使い方を人から教えてもらわなければ身につきません。生まれつき数字の使い方がわかっているわけではないからです。

日常生活や学校教育によって、人は数字の使い方を学びます。ただ、それは、算数もしくは数学であって、ビジネスにおける数字の使い方を学ぶ機会ではありません。

仕事における数字の使い方は、「与えられた計算式を解く」という、小学校からの延長にある算数や数学とは根本的に違います。暗算ができるできないとか、理系だったとか文系だったとかとは関係ありません。学校では習わなかった「問題解決」手法の1つになるからです。

うまく数字を使えるようになるためには、その基礎となる考え方を知った上で、仕事の場で実践してみるしかないのです。

本書の読者に、数学者や統計学者はいないと思います。ほとんどの方が、数字以外の専門性で仕事をしていることと思います。

数字は、所詮、道具にすぎません。ただ、物と物を比較できる唯一の道具です。

ぜひ、数字を「重荷」に感じず、自分の仕事の質を高める強力な「武器」として使っていただきたいと思います。そして、この本がその一助となることができれば、これ以上の幸いはありません。

柏原　崇宏

柏原崇宏（かしはらたかひろ）

1977年生まれ、兵庫県西宮市出身。

東京工業大学、コロンビア大学大学院卒業。

マッキンゼー・アンド・カンパニーで戦略コンサルタントとして勤務後、外資系投資銀行等で戦略立案や投資業務に従事。現在はインターネット上で動画配信を行っているHuluを運営する会社において、ファイナンス&ストラテジー部部長として勤務。

証券アナリスト（CMA）。米国公認会計士。

「数字で考える」が簡単にできるようになる本

2016年10月3日　初版発行

著　者　柏原崇宏
発行者　野村直克
発行所　総合法令出版株式会社
〒103-0001　東京都中央区日本橋小伝馬町15-18
ユニゾ小伝馬町ビル9階
電話 03-5623-5121

印刷・製本　中央精版印刷株式会社

落丁・乱丁本はお取替えいたします。

ISBN 978-4-86280-523-2
総合法令出版ホームページ　http://www.horei.com/